水月慈悲

观世音在民间

邢莉 著

商务印书馆
The Commercial Press

图书在版编目（CIP）数据

水月慈悲：观世音在民间 / 邢莉著. —北京：商务印书馆，2024. —ISBN 978-7-100-24173-1

Ⅰ. B949.92

中国国家版本馆 CIP 数据核字第 2024NN7330 号

权利保留，侵权必究。

水月慈悲：观世音在民间
邢莉 著

商 务 印 书 馆 出 版
（北京王府井大街 36 号 邮政编码 100710）
商 务 印 书 馆 发 行
三河市尚艺印装有限公司印刷
ISBN 978-7-100-24173-1

2024 年 12 月第 1 版　　开本 880×1230　1/32
2024 年 12 月第 1 次印刷　印张 10　1/2

定价：68.00 元

赠给黄维霞女士

目 录

引 言 / 1

第一章 观世音的由来 / 11
　　一、虽善无征 / 13
　　二、释"观世音" / 22
　　三、观世音入汉家 / 27

第二章 观世音的神变 / 37
　　一、多变的观世音 / 39
　　二、大悲观世音 / 56
　　三、观世音的特征 / 71

第三章 观世音的本土化 / 87
　　一、观世音与农耕文化 / 89
　　二、观世音信仰与道教的互相吸纳 / 99
　　三、观世音在人间 / 109

第四章 观世音是女菩萨 / 119
　　一、妙善公主 / 121
　　二、鱼篮观世音 / 134
　　三、变化之因 / 147

第五章 观世音与诸神 / 163
　　一、观世音与善财童子 / 165
　　二、观世音与龙女 / 176
　　三、观世音与妈祖 / 185

第六章 面对人生的百年忧患 / 195
　　一、杨枝净水的奥秘 / 197
　　二、生命长寿的渴望 / 206
　　三、幸福彼岸的希冀 / 214

第七章 弱者的烛光 / 223
　　一、风调雨顺的祈愿 / 225
　　二、水深火热中的慰藉 / 233
　　三、灾难的避风港 / 240

第八章 妇婴的保护神 / 247
　　一、观世音：婚姻之神 / 249
　　二、观世音送子 / 254
　　三、观世音与孕产 / 270
　　四、观世音与育子 / 278

第九章 崇拜仪式与物化形式 / 287
　　一、观世音圣殿 / 289
　　二、南海普陀道场 / 300
　　三、西南遂宁道场 / 315

图片来源 / 327
后　记 / 334

引 言

本书研究的是观世音的民间信仰，它是中华文化的重要组成部分。在世界文明史上，中华文化以博大精深构成了自己的独特体系。中华文化不只以其文化本体具有鲜明的中国特色和深厚的文化底蕴而著称于世，而且在文明发展的过程中，能够容纳、汲取外来文化，把外来文化融入自己的文化体系之中。

观世音信仰大约在汉末传入我国。但凡一种外来文化被异国他乡人所吸纳，就必然适合本土的国情。印度佛教向我国传播的过程，也是佛教中国化的过程，其历时久远，规模宏大，形成了具有特色的北传大乘佛教。大乘佛教的核心是菩萨信仰。在佛教中国化的过程中，观世音信仰的中国化、本土化占有极为重要的地位。

佛教的中国化有两条路径：一是正统佛教的中国化，例如高僧大德对于佛经的翻译、阐释，以及被称为"伪经"的经文的出现和传播；另外一条路径是观世音的民间信仰，即中国观世音信仰在民间生活中的丰富呈现。这两条路径表现出互动互补的关系。佛教在中国本土化的演变，促进了其在民间生活中的传播；民间在接受佛教传播的时候，必然与其原本的民间信仰相结合。在以往的研究中，对于正统佛教中国化的研究较多，对于观世音民间信仰的关注则不够。实际上，观世音的民间信仰是佛教中国化的底蕴和基石。观世音信仰的中国化就是观世音的身世、来源、显化、灵感、道场等大乘佛教最流行的元素的中国化。其间有以往被忽视的传说、故事、歌谣等口承文化，以及民间信仰的琳琅满目的塑像及活态仪式。当前联合国教科文组织订立的保护口头非物质文化遗产的公约正是旨在保护民间信仰。佛教在中国传播的历史，就是不断适应并融入到民间信仰中的历史。民间的观世音是世代中国下层民众的集体创造，她不仅是外来文化与中国本土文化相撞击的照影，显示了中国本土文化巨大的包容性、累积性，而且是蕴含着民间智慧及本土知识的创造，构成了民间生活史和社会史的一大特色。一个民族，一个国家，如果没有对民间—民俗文化的深刻了解和充分重视，就谈不上传承和发展优秀传统文化。

原始社会的民间信仰，是人类在自己的生存世界的精神显现，是人之初的第一颗智慧的果实，是原始社会的人类具有文化的重要表征之一。原始社会民间信仰的产生，与石器的制作一样石破天惊。民间信仰诞生于正统宗教之前，是产生正统宗教的根基。在辉煌的农耕文明中，民间信仰作为民众生活的重要组成部分，一直延续至今。但长期以来，由于对于民众创造的历史的研究的忽视，由于民俗学学科诞生的晚近及其在诞生之后所遇到的干预，民间信仰的研究一直徘徊不前，甚至背负着"迷信"的重负。民俗学者认为，随着时代的演变，应该区分迷信与俗信。迷信是"对事象的因果进行歪曲认识的观念或施行歪曲处理的神秘手段，它具有十分浓重的自发性和盲目性"[①]；而俗信在古代秘密传承中曾经是原始信仰或迷信的事象，但随着社会的进步，科学的发达，人们文化程度的提高，一些迷信事象在传承中逐渐失去了神秘力量，人们在长期生产与生活的经验中找出了一些合理性。于是这些事象从迷信中被解放出来，形成了一种传统的习惯。这些传统习惯在行为上、口头上

---

① 参见乌丙安：《中国民俗学》，辽宁大学出版社1999年版，第239—340页。

或心理上被保留下来，直接或间接用于生活目的，这便是俗信。

目前在全民保护非物质文化遗产的践行中，应该如何评估民间信仰的价值和社会作用，恰恰是民俗学者关注的问题。2003年10月17日通过的《保护非物质文化遗产公约》对非物质文化遗产内容表述的第4款"有关自然界和宇宙的知识和实践"，按我们理解就包括我国文化传统中的"民间信仰"。《保护非物质文化遗产公约》还提出对于"文化空间"的保护。民间信仰的仪式与文化空间以及其中蕴含的文化知识已经成为非物质文化遗产的重要组成部分。符合民间的意愿，又经过国家的申报，联合国教科文组织把中国海神——妈祖信仰列为世界非物质文化遗产。与正统宗教的"形而上"相比，民间信仰属于"形而下"，但是"形而下"在先，"形而上"在后。"形而上"属于精英阶层，"行而下"属于民间大众。民间信仰作为"非制度化的宗教形态"，得到政府的承认，从而开始走向合法化。由此我们可以评估民间信仰的历史价值、文化价值和社会价值。

民间观世音信仰来源于佛教的观世音信仰，后者可归纳为三个主要系统：一是《佛说无量寿经》、《阿弥陀经》、《观无量寿佛经》等所述的西方净土思想系统，二是依《妙法莲华经》的系统，三是依《大方广佛华严经》的系统。这些佛教的经典或由高僧在庙堂上讲授，或通过各种文本的方式在民间播布。伴随着历代佛教在我国传播的过程，民众崇拜观世音菩萨，甚至出现了"家家弥陀佛，户户观世音"的场景。我国的民间观世音信仰研究的结构包括：

第一，关于中国观世音信仰的起源。印度的佛教阐释了观世音信仰的起源。我国的学者对于观世音信仰的起源做了探讨。一是观世音具有善神的神格，具有救助的功能。二是观世音本无性别，印度佛经观世音的形象是一位善男子，而中国民间信仰的观世音是一位女菩萨，其来源于民众创造的女性妙善公主崇信佛教、修行救助的事迹，这种创造为文化精英所认可，并且由民众的口头表述、民间工匠的雕刻表述、文人手笔的画像和记载综合建构，经过了活态仪式的传承，形成了本土化的女性观世音菩萨。本土化的女性观世音菩萨一旦形成，就通过以上所述的多种形式传播以至家喻户晓。

第二，关于中国民间观世音信仰的道场。观世音道场即观世音信仰的公共文化空间，人们在这里定期举行祭拜观世音菩萨的仪式，就被称为观世音道场。观世音信仰文化源于印度的佛教，其所产生的"圣地"梵语为 Potala 或者 Potalaka，汉语译作"补陀洛"、"补陀洛迦"等。观世音的道场本为南印度的补陀洛迦山；中国离印度的补陀洛迦山万里之遥，遂在本土创立了自己的观世音道场。据笔者调查，目前与历史的记载接轨而又香火蔓延至今的观世音道场有多处：（1）处于沿海地域的浙江舟山群岛的普陀山观世音道场；（2）处于中原地域的河南汝州的平顶山观世音道场；（3）处于西南地域的四川遂宁的广德寺和灵泉寺的观世音道场；（4）陕西铜川香山寺观世音道场；（5）云南大理白族的观世音道场；（6）西藏布达拉宫观世音道场。西藏拉萨的普陀宫即布达拉宫，也被视为观世音化身处。布达拉之得名，同普陀山得名一样，由梵文 Potala 或 Potalaka 而来。其实在中国广袤的大地上，观世音道场完全不止于此，只是这几处影响较大。从历史时期到今天，围绕观世音道场，形成了观世音信仰文化圈，这些文化圈的传承体现了民间观世音信仰的实践体系。

第三，关于中国民间观世音信仰的功能。在探寻观世音本土化、民俗化、民间化的过程中，必然要谈及其文化品格在民间土壤中的传播。在佛教里，观世音是以慈悲为己任的。所谓慈悲，即怜爱、怜悯、同情等意思。中国民众的观世音信仰是大乘佛教，而大乘佛教讲的是"大慈大悲"。《大智度论》卷 27 解释说:"大慈与一切众生乐,大悲拔一切众生苦,大慈以喜乐因缘与众生,大悲以离苦因缘与众生……"民间信仰的观世音菩萨与民众日常生活的需求相联系,既包括求雨、求子、婚丧嫁娶等平日生活,又包括自然灾难或社会灾难来临时观世音的灵验故事。对此,印顺法师认为,观世音信仰的来源是其大悲救世信仰在世俗社会中的适应。① 这也正是中国观世音信仰的普遍性及救助的灵验传说产生的动力源。

与正统佛教相比,笔者认为民间观世音信仰有如下特征:

第一,在民间信仰里,观世音菩萨及其他佛教神祇是崇高的崇拜对象。无论是在庙堂空间还是在家庭空间,观世音都被顶礼膜拜。不容忽视的是,我国是农业大国,农耕文化的基本单元——村落中有观世音堂、观世音庙,成为观世音信仰的独立空间。而这些神灵承担着世俗教化的社会功能。尽管民间传说里也有把观世音菩萨视为世俗人的说法,但是其主旋律是历代连篇累牍记载的、至今还在产生的信仰观世音而灵验的事迹。在这点上民间信仰与佛教不同。佛教是无神的宗教,佛教认为,释迦牟尼也不过是觉悟的众生,人人都有佛性;大乘佛教认为只要有信仰,自身也可以成佛。而在民间信仰里,观世音菩萨是其顶礼膜拜、无比尊重的偶像,具有无与伦比的神圣性,处于至高无上的地位。

第二,观世音的民间信仰与民众的日常生活相联系,规范了日常生活的节律。在民众的生活②中,民间的观世音信仰就是民众的精

---

① 参见印顺:《印度大乘佛教之起源与开展》,台湾正闻出版社 1994 年版。
② 邢莉等《民俗学概论新编》(北京师范大学出版社 2016 年版)把民众的生活概括为:民众的物质生活世界、民众的社会生活世界、民众的艺术生活世界、民众的精神生活世界。

神生活世界的重要组成部分。农历的二月十九日、六月十九日和九月十九日分别是观世音的诞生日、出家日和成道日，加之盂兰盆节，都是民间观世音信仰的重要节点，在一年一度的观世音的诞生日、出家日和成道日以及每个月的初一、十五，信仰群体或者个体都循规蹈矩地按照既有的方式在观世音菩萨像前践行仪式。这些活动有的以佛教寺庙为空间，有的以村社的庙堂或者家庭为空间。也就是说，对观世音菩萨的崇拜仪式已经成为其生活的节奏，生命的脉搏。此外，民众也参与寺院的放生和超度亡人的仪式，成为寺庙文化生活的重要组成部分。

第三，民间的观世音信仰一旦与民众的日常生活相联系，就具有人间性、现实性、功利性。人在特定的生态环境和人文环境中生存，生态环境与人文环境给人以生存的资源或机遇，同时自然的灾害和社会的危难往往使得人们的生存处于困境之中。民间信仰从原始社会开始就凸显一个特点，它立足于解决人世间的生存问题，如人身是否安全、是否有雨水取得丰收、是否能够消除病患、是否能够长寿。正如马斯洛需求层次理论所讲的，人的需求往往是从低层次向高层次发展，而低层次的需求首先是生理需求和安全需求，主要是满足衣、食、性及安全的需求。①按照马氏的说法这是低层次的，我们说这是人作为人存在最基本的、最本源的需求。民间的观世音信仰体现了这种需求。这种需求是与漫长的古代社会相适应的，因为当时社会的发展是非常缓慢的；即使到了现代社会，无论是人生存的生态环境中还是社会环境中，种种不安全的因

---

① 美国心理学家亚伯拉罕·马斯洛在1943年于《人类激励理论》一文中，将人类需求像阶梯一样从低到高按层次分为五种，依次是：生理需求、安全需求、社交需求、尊重需求和自我实现需求。

素依旧存在。所以祈拜观世音"灵验"的事迹在频频发生,频频传播。信仰不是物质生产,其营构的是生命的精神境界,信仰是良知回归自己心灵而构建的一个和谐自足的精神乐园。这就是观世音信仰绵延至今的原因。

第四,民间的观世音信仰与民间信仰的诸神存在着密切的联系。我国广大村落中的观世音庙、观世音堂中,观世音往往是主神,陪侍的神有的是善财和龙女,有的是其他民间诸神,例如地藏菩萨等,特别是民间女神妈祖、无生老母、西王母、碧霞元君、三霄娘娘等。在民间的认知范围中,这些神祇的功能并不是那么泾渭分明,甚至较为模糊。从佛教教义看来,妈祖与观世音无任何干系,而民间在拜妈祖时说拜观世音,在拜观世音时说拜妈祖。在难以计数、丰富多彩的民间传说中,观世音还与各种历史人物黏结在一起,这是观世音信仰民间化、本土化的又一特征。观世音信仰已经成为民间信仰文化链上不可或缺的重要情结。

第五,民间观世音信仰文化具有复杂性和兼容性。儒家思想是绵延于中国两千年的传统思想。中国民间的观世音信仰不可能不受到儒家观念的影响,其中包括慈善观念、仁爱观念、孝行观念、伦理观念等。学术界认为:"在民间信仰的领域,儒家思想占据绝对优势的地位,而佛教的观音信仰因为脱离了正统佛教的支撑与保护,处于任人修改的无主的地位,于是,佛教的观音开始了完全彻底的儒家化。"[①] 例如民间观世音信仰的产生(即妙善公主的来源)叙事中就包含儒家的孝亲观念。

佛教以生为苦,追求西天的极乐世界,而民间观世音信仰十分看重现世人生,这与道教有关。道教是中国本土化的宗教,道教的形成可以追溯到源远流长的民间信仰的长河。在道教里观世音被称为慈航道人,

---

① 李利安:《观音信仰的渊源与传播》,宗教文化出版社2008年版,第416页。

观世音信仰被纳入天神玉皇大帝的体系中。民间观世音信仰包含着热爱生命、追求长寿的人生观和价值观，其与道教的符咒、仪轨、巫术相联系，包含着在人生的各个过程中以各种形式禳灾求福的人生理念。

第六，民间观世音信仰体现民众的生活观、道德观、价值观。在此应该提出的是，学术界有部分人认为，佛教的本真性是讲习佛法真理，正确看待世间体、空、无常，不厌弃、不贪着，从中体悟"缘生缘灭"、"法我二空"等佛法，而民众的观世音信仰与此相离。当然，在历史的长河中，对于文化程度比较低、尚在贫困线上挣扎的劳苦大众来说，较艰深的佛教哲学与其生活场景及认知水平有相当的距离，但是民间观世音信仰是从佛教的观世音信仰中派生出来的，佛教观世音的慈悲观、利他观、平等观、善行观在民众中发生了广泛的影响，这是一方面。另一方面，民众以自己的生活经验和世界观、价值观解读观世音信仰，例如善恶有报、六道轮回、因缘相合等等。他们的解释与生活相连，与经验同步，与儒家、道家的伦理观和道德观相融，其豁达生活观、善行道德观、和谐价值观组成了民间观世音信仰的底蕴，构建了民间观世音信仰的核心价值。民间信仰的观世音菩萨以其价值体系与社会、人生进行对话，形成了一个不可颠覆的独特体系，成为正统佛教与精英佛教信仰的底层根基。

由于中国与印度的国情不同，文化基因不同，中国的民众接受了观世音，也改变了观世音。从文化人类学的角度审视，观世音菩萨的信仰为什么在中国落地生根达两千年之久？几千年来，观世音信仰渗透到中国社会各处，乃至今天仍是海峡两岸同胞间重要的情感纽带，这是一种怎样的民族心理？观世音信仰在民间文化体系中有什么意义？中国科学院杨叔子院士说："科学所追求的目的或要解决的问题是研究和认识客观世界及其规律，是求真，科学是一个知识体系、认识体系，是关于客观世界的知识体系、认知体系,是逻辑的。实证的,一元的,是独立于人的精神世界之外的","人文所追求的目标或要解决的问题是满足个人与社会的需求的终极关怀,是求善……人文不仅是一个知识体系、认识体系,还是一个价值体系、道德体系,因而人文往往是道德的,非一元的,是同人的精神世界密切联系的"。①

观世音的民间信仰不只是文化遗存或文本记忆,更是充满活力的活态文化,仍活跃在民众的现代生活中。希望读者们从这本书中,能够看到中国观世音被千百万民众创造的过程,更深刻地认识中国传统文化,感受到中国民众的创造力和中国文化的生命力。

---

① 杨叔子:《科学人文,和而不同》,转引自《中华读书报》1999年12月15日第4版。

观世音菩萨坐像，元，青瓷，孙秉山临绘

第一章
观世音的由来

　　观世音菩萨，在中国民间家喻户晓，妇孺皆知。千百年来，涉足于中华大地，从敦煌石窟、云冈石窟、大足石窟乃至民间的彩塑、剪纸、纸马留有的千姿百态的观世音形象中，你可以感到观世音信仰的普遍性；从中原大地、陕北高原、西域塞外直至西藏雪国、云南边陲所流传的数不胜数的民间传说中，你可以感到观世音信仰与民俗生活的贴近；从遍及全国的观世音道场——普陀观世音道场、平顶山观世音道场、四川遂宁观世音道场中，你可以感到这种信仰的笃厚。观世音信仰植根于华夏沃土，观世音是最富于中国特色的菩萨，民间对她的崇信远在其他佛教神灵之上。

观世音菩萨，唐，吴道子绘

一、虽善无征

观世音信仰源于印度佛教向中华大地的传播，观世音为大乘佛教所信奉的菩萨之一。文化人类学的观点认为，一种文化的传布像投石池中，激起水面微波，由内向外层层扩散，其力量会逐渐减弱；反之，一个国家或社会接受一种外来文化，则是由外区推入内区，是先微弱而后强盛的。佛教的观世音信仰在我国传播的过程，就是观世音信仰中国化的过程。

观世音信仰文化源于印度的佛教，其所产生的"圣地"梵语为Potala或者Potalaka，汉语译作"补怛洛"、"补怛洛迦"等。《大方广佛华严经》卷68说："于此南山，补怛洛迦，彼有菩萨，名观自在。……见其西面岩谷之中……观自在菩萨于金刚宝石上，结跏趺坐。"

观世音信仰文化起源的时间有各种说法。公元前5世纪，释迦牟尼创立佛教。有学者认为，早在公元前7世纪，天竺就有了观世音。他是婆罗门教中的善神。[①] 观世音，梵文为Avalokite'svara（阿婆卢吉低舍婆罗）的音译，亦译"光世音"、"观自在"、"观世自在"，尊号为"大慈大悲救苦救难观世音菩萨"。《红楼梦》第五十回，李纨出了个谜："'观音未有家世传'，打'四书'中一句。"最后让聪颖的林黛玉猜到

---

① 参看徐静波：《观世音菩萨考述》，载《观世音菩萨全书》，春风文艺出版社1987年版，第229—230页。

狮座观世音菩萨，清，佚名绘

了,谜底是"虽善无征"。观世音的生平虽似不可稽考,但是毕竟应该探究。

第一,认为观世音为阿弥陀佛之子。在观世音的造像中,《佛说无量寿经》说:"西方极乐世界有两位菩萨,一位观世音,一为大势至。"① 昙无谶《悲华经》云:

> 时太子不眴白佛言:"世尊,我之所有一切善根尽回向无上菩提,愿我行菩提道时,若有众生受诸苦恼恐怖等事,退失正法,堕大暗处,忧愁孤穷,无有救护,若能念我,称我名字,我天耳所闻,天眼所见,是众生若不得免斯苦恼者,我终不成正觉。"……时宝藏佛寻为授记:"善男子,汝观天人及三恶道一切众生,生大悲心,欲断众生诸苦及烦恼故,欲令众生往安乐故,今当字汝为观世音……"②

在这里,观世音为"善男子",其父无诤念在此前已被授记为西方安乐世界无量寿佛,按即西方极乐世界阿弥陀佛。

第二,认为观世音为莲花所化生。据《铸鼎余闻》卷4引称昙无竭译《观世音菩萨得大势至菩萨受记经》称:"昔金光狮子游戏如来国,彼国中无有女人,王名威德,于园中入三昧,左右二莲花化生二子,左名宝意,即是观世音,右名宝尚,即是得大势。"这里说莲花化生出观世音菩萨及大势至菩萨。

第三,婆罗门教认为观世音是神马驹。古代印度信奉婆罗门教。该

---

① 《佛说无量寿经》卷下,《大正藏》第12册,第273页。
② 《悲华经》卷2,《大正藏》第12册。

大势至菩萨

教约成教于公元前7世纪，以《吠陀》为最古经典，信仰多神。公元前6—前5世纪，因佛教和耆那教的广泛传播，婆罗门教逐渐衰落。婆罗门教里的观世音是一对可爱的孪生小马驹，被视为善神。其神力很大，可使盲人复明、公牛产乳、朽木开花、不育女子生子。释迦牟尼创立了佛教，佛教把这位善神纳入佛教体系之中，成为马头观世音或马头明王，以马置于头，故名，为观世音的自性身。《大日经疏》卷5云："作极吼怒之状，此是莲花部愤怒持明王也。"后把观世音人格化，变为一勇猛丈夫之形象。

第四，观世音信仰的宗教来源还有更为遥远的说法。莫曼（Mallman）认为，观世音信仰源于一部重要的经典《佛说无量寿经》。这里说阿弥陀佛是"无量光"，其胁侍观世音当然也充满光芒。所以莫曼认为，观世音菩萨是从伊朗祆教衍生出来的太阳神。[①] 正因为如此，有人则认为观世音是古代希腊的阿

---

① 转引自李利安：《观音信仰的渊源与传播》，第63页。

观世音菩萨像，印度，石雕，孙秉山临绘

波罗神与印度湿婆神的混合。① 因为他本身也是太阳神，所以可以"放大光明"。

第五，当代学者李利安对于观世音信仰的起源，从文化地理学的角度考证了补怛洛迦的位置，应该在南印度海滨，是通向僧伽罗国的出海口，此处有飓风海难。又考证玄奘大师在《大唐西域记》里记叙曾经经过此地，所以这里应该是印度的观世音道场。②《撰集百缘经》说：

> 有佛世尊，常以大悲，昼夜六时，观察众生，护受苦厄，辄往度之。汝等咸当称彼佛名，或能来此，救我等命。时诸商人，各共同时，称南无佛陀。尔时，世尊遥见商客极遇厄难，即放光明，照耀黑风，风寻消灭，皆得解脱。③

"常以大悲，昼夜六时，观察众生，护受苦厄，辄往度之"，这正是观世音的文化品格。当代学者李利安的考证是具有学术影响的，对于印度观世音的起源是有意义的，因为中国的观世音信仰文化来源于印度的佛教。

观世音在佛教中居于何位？观世音的位置是菩萨，菩萨是佛教的高级职称。对菩萨的含义，《翻译名义集》卷131 僧肇释："菩提，佛道名，萨埵。""秦言大心众生，有大心入佛道，名菩提萨。"引智释："用诸佛道，死就众生故，名菩提萨。"引法藏释："菩提，此谓之觉，萨土字边右面为垂此曰众生，以智上求菩提，用悲下救众生。"所以菩萨的职责就是"上求菩提（觉悟），下化有情（众生）"。《妙法莲华经》是佛教观

---

① 印顺：《印度大乘佛教之起源与开展》，第483—490页。
② 李利安：《观音信仰的渊源与传播》，第69—72页。
③ 〔印度〕迦叶佛整理，（吴）支谦译：《撰集百缘经》，《大正藏》第4册。

世音信仰的重要经典之一。

菩萨旧译多种：开士、始士、高士、大士、圣士、超士、力士、无双，等等。观世音菩萨又称"观音大士"、"观音圣士"等。菩萨虽为高称，高于罗汉，却次于佛，在大乘佛教中，为第二等果位。菩萨的职责就是帮助佛，用佛教的宗旨和教义，救度在水深火热中啼饥号寒的芸芸众生。菩萨必须修行，以达到佛的地位。《大般若波罗蜜多经·菩萨品》说："菩提不生，萨埵非有，萨埵者，他施之意，言以善施为事。"佛教的净土信仰引导人们向往西方极乐世界，其以阿弥陀佛为主。佛的身旁立着两尊菩萨：左边为观世音，右边为大势至。观世音的形象是其头冠上有一化佛。《佛说无量寿经》云：

妙法莲华经观世音菩萨普门品版画局部

> 观世音菩萨面如阎浮檀金色，眉间毫相备七宝色，流出八万四千种光明，一一光明，有无量无数百千化佛。一一化佛，有无数化菩萨以为侍者，变观自在，满十方界。④

---

④ 《佛说无量寿经》，《大正藏》第12册，第343页下。

西方三圣

胁侍阿弥陀佛的观世音菩萨与大势至一起被尊为"西方三圣",因为他们属于西方极乐世界。《消伏毒害咒经》描绘出西方极乐世界是一个人间绝无、神间仅有的绝好去处,那里有绿荫,有楼阁,有七宝池、八功德水,有莲花,"青色青光,黄色黄光,赤色赤光,白色白光,微妙香洁",而观世音的职责就是使人们脱离世俗间的种种困苦和束缚,进入到这个极乐的境地。

又《不空羂索咒心经》云:"佛在布怛洛迦山,观自在宫殿,其地有无量宝树,周匝庄严。"这里没有物质匮乏之苦,没有生老病死之忧,没有患得患失之思,没有劳苦奔波之险。信仰驱使人们相信彼方乐土的存在。东方文明的智慧着重于超感觉的冥想,东方的佛教哲学创造了佛的世界,而佛与菩萨的世界以无限魅力吸引着人。当人们把自己的感情、欲望、假想、冥想、经验投射到观世音信仰的形象上时,人们给观世音以无数倍的"超人"力量,以使得自己获得人生的执着。

在大乘佛教里,与观世音同处于菩萨地位的还有两位菩萨,即文殊和普贤。与观世音菩萨一样,文殊和普贤也是"虽善无征"的。《悲华经》说有转轮圣王名无净念(即阿弥陀佛本名),王有一千个儿子,第一太子名不眴,就是观世音菩萨;第二王子名尼摩,就是大势至菩萨;第三王子名王象,即文殊菩萨;第八王子名泯图,即普贤菩萨。按《悲华经》的说法，这几位菩萨都是亲兄弟了。不过，这只是诸说法中的一种。在佛教圣殿大雄宝殿的背后，往往有坐南向北的菩萨像。一般是观世音像或者是文殊、普贤、观世音三大士的像，文殊骑狮子，普贤骑六牙白象，观世音骑犼。这三位菩萨虽都胁侍佛祖，但又各有神通，普贤表行，文殊表智，观世音表悲。在佛教里，菩萨没有性别男女之说，但是中国人把她们说成三姐妹，民间流传着三姐妹比赛神力为民造福的故事。① 这个问题将在有关章节展开。

随着观世音信仰的中国化、民间化，中国百姓又请出一位地藏菩萨。《地藏十轮经》称其"安忍不动犹如大地，静虑深密犹如地藏"，地藏菩萨称"大愿地藏"，与观世音的"大悲"相媲美。根据善男信女的心愿，四大菩萨在中国本土各有驻地，即著名的四大佛山。《普陀山志》记载：中国的四大菩萨为地藏、普贤、文殊、观世音。九华山为地藏菩萨道场，峨眉山为普贤菩萨道场，五台山为文殊菩萨道场，普陀山为观世音菩萨道场，分别代表地、火、风、水。

这种把四大佛山视为佛教的四界，即地、火、风、水四种构成色法（物质现象）的基本元素具有象征意义，里面包含着深刻的佛教哲学。

---

① 刘锡诚主编，长生编：《观音的传说》，花山文艺出版社1995年版，第153页。

二、释"观世音"

观世音信仰是舶来品,源于印度兴起的佛教。但是当涉足华夏大地时,你不仅会看到大大小小的观世音庙、观世音堂、观世音洞,看到名不见经传的平民石匠雕刻出的各种姿态的观世音形象,看到阎立本、吴道子、颜辉、牧溪等名师画家集中民间想象而妙笔生花勾勒出的观世音形象,听到文化程度尚低的村姑婆媳诵念观世音经的喃喃声,还能看到孩童戴的"送子观音帽",品到"铁观音"茶。进入云南白族的"观音街"或"观音市",你会感到平和、温厚、亲切的观世音无处不在,观世音信仰已深入人心。

观世音的担当就是要度一切烦恼,解一切苦厄。佛教认为,人和一切有情识的众生无非是种种物质的聚合体,即所谓色、受、想、行、识"五蕴",并没有固定的单一实体,也就是找不到"我"的存在,而人生的种种烦恼是因为有"我",人只有排除我执我欲,才能超凡入圣。观世音是以"慈悲"为己任的。所谓"慈悲",即怜爱、怜悯、同情等意思。佛教所说的"慈悲"有特定的内涵,在小乘佛教禅观"四无量"中有慈、悲两种禅定,各以修慈心、修悲心为禅观内容,谓以修此观来克制瞋恚。由于这种教法是以自己的完成与救济为理想的自力教,所以称为"小乘"。而大乘佛教讲的是"大慈大悲"。《大智度论》[①]卷27

[①] 印度龙树菩萨撰,简称《智度论》、《智论》等,是大乘佛教中观派重要论著。

解释说：

> 大慈与一切众生乐，大悲拔一切众生苦；大慈以喜乐因缘与众生，大悲以离苦因缘与众生……小慈但心念与众生乐，实无乐事，小悲名观众生种种身苦、心苦、怜悯而已，不能令脱。大慈者念乐众生得乐，亦与乐事；大悲悯愍众生苦，亦能令脱苦。

这明确表明大乘佛教在于利人、利他，使人"脱苦"、"得乐"。而观世音正是这种大慈大悲的化身。在梵文里，"慈"与"悲"本来是分开的，"慈"是给人以快乐，"悲"是解除人们的痛苦，把"慈"与"悲"合起来意即"拔苦与乐"，二者不可谓没有联系，但从观世音的神职功能看，以"大悲"为核心。悲心是希望他人解除痛苦，悲行是帮助他人解除痛苦。佛教宣称观世音菩萨就是这样一个救世主，观世音的职能就是把人从现实的苦难中解救出来。观世音菩萨的慈悲助人有以下几个特点。

第一，救助一切痛苦困厄之人。佛教以"诸法由因缘而起"解释宇宙和人生，就是说一切事物或一切现象的产生和消灭，都是由相对的互存关系和条件决定的，这些条件离不开空间上的相互依存和时间上的前后相续。对于个人来说，一切人、一切物，乃至宇宙整体，都是个人依存的缘。个人要成佛就应该得到众生的帮助，那他本人就应该利乐众生。观世音菩萨就是佛教道德理想的人格化。民间认为，千手千眼观世音的产生就是为了救助所有人的苦难。只要诵念她的名号，她就可寻声而至。

第二，观世音能急人所急，难人所难，随时解救人的一切困厄。因此她可以现三十二之应身，下合众生，施十四种之无畏。所谓"无畏

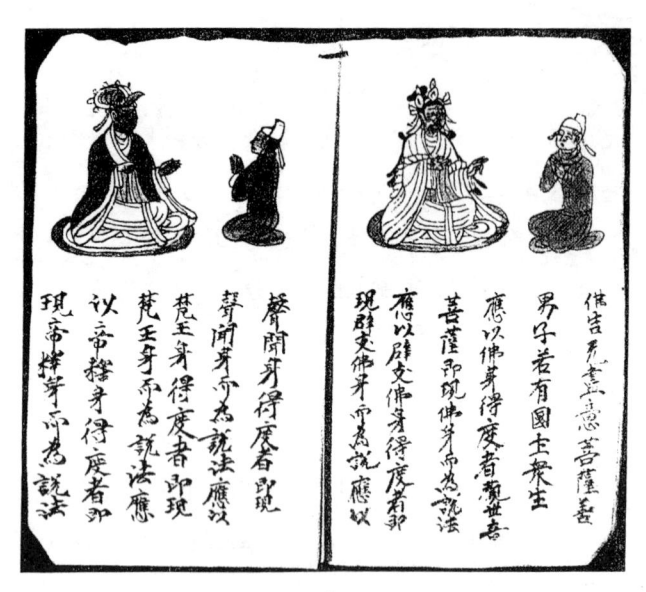

观世音菩萨现身说法

施"，即急人所急，难人所难，把人度往幸福的彼岸。"一身常无病，二诸佛摄受，三财宝无尽，四能伏怨敌，五尊贵恭敬，六鬼毒不伤，七刀杖不害，八水不溺，九火不烧，十不横死；复得四种功德胜利，一命终得见诸佛，二终不堕恶趣，三不因险厄死，四得生极乐世界。"①

观世音具备大悲心、大悲行、大智慧，才能达到普度众生的目的。观世音可以超越一切时间的局限和空间的局限，不管天上地下，地狱人间，何苦何难，观世音对一切众生都伸出慈爱援救之手。

第三，观世音抢险救厄不为己、不为利、不图报。按世俗的观点，知恩图报，知恩必报。可观世音把救人之难作为自己的道德修养和操行标准，更为可贵的是，只要没有普度完众生，她就只做菩萨不

---

① 《请观世音菩萨消伏毒害陀罗尼咒经》，乾隆大藏经大乘五大部外重译经，第0322部。

做佛。观世音的道德规范不以现实的功利为目的，而是以非功利的宗教理想为依归，她济人于贫困、救人于水火，不为报恩，不为求事，不为有名，不为图利，超凡脱俗，神游天外，完全出于爱护生命、执着于生命的怜悯心、同情心和慈悲心。

观世音在以无畏施于众生的时候，完全出于一种慈悲喜舍心、清净菩提心、广大平等心的道德行为，出于一种没有丝毫个人功利的献身精神。观世音的一切所言所为都是从利乐众生出发的，救济一切众生是观世音的神职与使命。因此她不像释迦牟尼等佛陀那样居于遥远的天国，给人以既不可望又不可及的玄想，而是可以显化出各种形象，来往于世俗，奔于走民间。

观世音入俗而不媚俗，为救世俗之人于水火；观世音出世而未成佛，为引凡夫俗子入西方乐土。普度众生，救济人类脱离生死苦海乃是观世音慈悲善行的极致，为此她甘居于菩萨之位，矢志不渝地把普度人类作为自己的全部宏愿。对于她的地位与名称，《佛说圣观自在菩萨不空王秘密心陀罗尼经》①做了这样的解释：

> 此言菩提者，即是正慧，萨埵者，即是方便，作大饶益，毕竟当成佛也。或言未成佛，或言已成佛，或言当成佛，而阿弥陀宏愿，文殊志深，观世音心坚……所以名观世音者。《传略》云：遍观古今之世音，普察人间善恶，故有观世音之号。

在平民百姓看来，这位大慈大悲不负众望的慈悲菩萨当然应成佛。观世音志宏心坚、孜孜不悔地普度众人的精神似比佛来得亲切，来得实

---

① 密教经典，北宋北印度三藏传法大师施护等奉诏译，《不空羂索咒心经》的异译本。

在，来得动人。其慈悲誓愿在婆娑世界，非度尽众生，不取涅槃。观世音斡旋于天国与人间，是当成佛而未成佛的慈悲菩萨。

千手观世音菩萨，明，彩塑，孙秉山临绘

三、观世音入汉家

西方学者说中国人没有信仰，中国是人类文明的起源地之一，在漫长的原始社会就存在民间信仰，仰韶文化、三星堆文化、良渚文化等多地的考古发现就是明证。我国各个民族信仰的神祇系统不可谓不发达，上至九天，下至九泉，其所信仰的神灵可以百计。原始社会的神话巫术系统到了有文字记载的时代并没有消失，而且在丰富的民间信仰体系中，还吸收了外来传播的文化，我国民众对于观世音信仰的包容与吸纳就是一例。无论是在灯火阑珊的城市还是阡陌交通的乡间，观世音的知名度和影响力、感召力、辐射力都远远高出于道教诸仙和佛教诸神。人们熟知她的形象、她的来历、她的故事。延续两千年来，观世音的名字何以能如此持久、如此强烈地震动千百万人的心扉？

观世音菩萨是公元前6—前5世纪佛教在印度恒河流域创建后传播而来的。人类之间的文化交往是阻隔不了的。佛教文化如同天马、葡萄、胡服骑射一样传至中国内地。历代学者一直认为，佛教是沿着丝绸之路，先影响西域再影响内地的。西域是指今新疆天山南路，即西为帕米尔，北为天山，南为昆仑山，三面高山环绕自西向东的广大地区。汉代张骞、班超通西域，架起了中印之间文化交流的桥梁。东汉末年，西北边陲的许多民族陆续向内地迁移，与汉人杂居，大月氏、安息、康居等国的人民传播了他们所皈依的佛教。虽然有些学者把佛教传入汉家的时间推至很远，但学界趋于一致承认佛教的兴起是在两晋南北朝的历史时期（265—589年）。如果说西北少数民族内迁是观世音入汉家的契机的话，那么汉族人民又何以能够选择完全来自异质文化圈的佛教作为自己的信仰呢？

从东汉至魏晋以至于南北朝时期正是社会颠簸动荡的时期。一方面，民族矛盾异常激烈，在东晋、南朝与北方少数民族割据政权的斗争中，存在着较严重的民族压迫和民族歧视，百姓遭殃，生灵涂炭；另一方面，封建统治阶级日益腐朽，其制造的冤狱遍于国中，株连累及的不计其数，这里既包括违犯官府禁令的平民百姓，也包括由于封建统治阶级内部的倾轧而受牵连的无辜受害者，又加之中国地域辽阔，水灾旱灾时有发生，竟至民众流离失所，背井离乡，哀鸿遍野。史书记载："怀帝永嘉四年（310）五月，大蝗，自幽、并、司、冀至于秦、雍，草木、牛马毛鬣皆尽。时天下兵乱，渔猎黔黎"①，"安、顺以后，风威稍薄，寇攘寝横，缘隙而生。剽人盗邑者，不阙时月，假署皇王者，盖以十数。或托验神道，或矫妄冕服"②。苦难的人们面对天灾人祸，不仅需要精神的避难所，更为重要的是，人们迫切急需切实的有效的帮助，使他们迅速脱离七灾八难，得到存活的信心和勇气。"矫妄冕服"是用实力进行反抗，"托验神道"则是寄托于信仰的巨大力量。此时，人们在传统文化面前感到迷惘和困惑。讲究入世的儒家道统，以"修身、齐家、治国、平天下"为自己的价值目标，希望报效皇权，光宗耀祖，为此而"杀身成仁"、"舍生取义"。但是在受到灾害、兵燹、盗贼的威胁的不安定中，人们渴求的是基本生存的保障。对于平民百姓来说，肆虐的洪水、干旱、瘟疫、战火已使他们妻离子散，家破人亡，他们并不想

---

① 《晋书》卷29《五行志下》，中华书局1996年版。
② 《后汉书》卷68，中华书局2000年版。

观世音菩萨，清，木刻，孙秉山临绘

持印观世音圣像，宋，石雕，孙秉山临绘

做自然灾害下的冤魂，也不想做战火中的牺牲品，他们梦寐以求的理想就是肚饱衣暖，安度天年。当时世道靡常，杀戮频兴，烽烟四起。饿殍遍野、尸骨横陈的惨状，更激起人们珍惜生命、热爱生命的情感。《庄子》提出："生也死之徒，死也生之始，孰知其纪？人之生，气之聚也，聚则为生，散则为死。若死生为徒，吾又何患！"① 道教主张人们乐不可支、乐不思蜀，享尽快乐，但是其使用的吐纳食气、羽化登仙的方法却令人失望，飞升的仙人跌死了，吃仙丹的被毒死了，入海求仙药的徐福"泥牛入海无消息"，而渴望长寿的秦始皇也寿终正寝了。况且穷苦的下层百姓，哪有时间和条件去炼仙丹。正在此时，佛教开始兴盛，人们对观世音的信仰达到高潮。在十六国时期，在北朝割据政权挑动民族仇杀的战乱中，人们求救于观世音：

> 石虎死后，冉闵杀胡，无少长，悉坑灭亡，晋人之类胡者，往往滥死。时邺西寺中，有三胡道人，共计议曰，冉家法严，政复逃遽，同无逸理，光（观）世音菩萨救人免厄，今唯当至心自归，乃共诵经请乞，昼夜不懈。②

无辜的囚犯希望逃脱酷吏的暴行而求救于观世音：

> 宋张兴，新兴人，颇信佛法。常从沙门僧融、昙翼时八戒。元嘉初，兴尝为劫贼所引，夫得逃避，妻坐系狱，掠笞积日。时县失火，出囚路侧，会融翼同行，偶经囚边。妻惊呼："阇梨何不赐

---

① 陈鼓应注译：《庄子今注今译》，中华书局2009年版，第559页。
② 董志翘：《〈观世音应验记三种〉译注》，江苏古籍出版社2002年版。

救?"融曰:"贫道力弱,不能救如何?唯宜劝念观世音,庶获免耳!"妻便昼夜祈念。①

因各种灾难饥荒病厄而处于危难之中的人们祈求观世音。正是由于两晋十六国和南北朝时期社会战乱相继,灾难深重,才使那么多民众向菩萨求救。

的确,此时观世音菩萨切合中国民族生存的需要。观世音以普度众生显示于世,她具有普度众生的恢宏愿望,还具有普度众生的大智慧,她是救世的实践者。在动乱中,人们的思想深处颠覆了对于统治者的信任感,而在寻觅个人的前途和国家的生路。

我们要思考的是,统治者在此时为什么允许佛教的传播而不采取禁止的态度呢?学术界认为,它作为外来宗教,从根本上并不存在与现实体制的矛盾。特别是它修习的最终目标是自我解脱,它所宣扬的救济落实到人的自身,并不涉及现实政治体制如何及其改造的问题。②这个论点可谓一语中的。正是因为佛教宣扬的是个体的修行和痛苦的解脱,对于当时的世态动乱的原因采取回避的态度,所以统治阶级对于佛教的传入采取宽容的态度,允许佛教的传播。

信仰是内心的、主观的,而一种信仰的传播是有其通俗的媒介的。观世音信仰的传播主要依靠两种方式。

第一,观世音造像。观世音信仰的传播是以福报的现世利益来打动中国的信仰者的。《大正大藏经》卷4载,由于波塞奇王画了八万四千幅佛像,仅此一功德就成了现在世的释迦牟尼佛,而且涅槃之后还要

---

① (南朝梁)王琰:《冥祥记》卷2,引自鲁迅:《古小说钩沉》,齐鲁书社1991年版。
② 孙昌武:《中国文学中的维摩与观音》,高等教育出版社1996年版,第25页。

受到阿育王为之造作的八万四千塔的果报。如此看来，造像的妙用实在不小，这对于信仰者很有说服力。《佛说大乘造像功德经》一再强调制作佛像的好处，而且说不论质料、不论大小，哪怕一拇指大小的佛像，只要"能令见者知是尊容"，就可以得到福报。这种民俗信仰形式的普及与大乘教的

观无量寿经变局部

教义有关。大乘教的观世音要普度众生，只有大慈大悲的菩萨才有力量，区别于小乘教利己主义的个人修行。这就必然造成对观世音崇拜的文化语境和崇拜的氛围。东晋以后，观世音造像日益增多，从一些残存的造像题记看，多为祈愿"离苦得乐"，为死者早日超脱"往生西方妙乐世界"，希冀自己及一切众生"速登正觉"，等等。按照佛教的解释，看到观世音造像，就是与观世音近距离的贴近，你心里念佛，佛也会念你。"人之自信，莫过于眼，当观好像，便如真佛。"从心理学角度分析，人们静观默想忘却了世间的一切，进入人与神游的境界。

第二，观世音经典的翻译。汉代以后，佛教由陆上丝绸之路涌入中国。许多印度和西域的和尚来中国内地传经布典，中国人出家的也渐多，甚至长途跋涉到西域和印度去求学取经，其间著名的僧人有法护、佛图澄、道安、慧远、鸠摩罗什、姚兴等，所以佛教大兴。《晋书》卷117载："（姚）兴既托意于佛道，公卿以下，莫不钦附。沙门自远而至

合邑造观世音像，北齐，石刻

者五千余人，起浮图于永贵里，立波若台于中宫，沙门坐禅者千数，州郡化之，事佛者十室而九焉。"

《法华经》中的《观世音菩萨普门品》（被称为《观世音经》，亦作《普门品》）是有关观世音菩萨的主要经典。此间《法华经》有两个译本：一为西晋竺法护译的《正法华经》，共 10 卷 27 品，包括《观世音菩萨普门品》；一为姚秦鸠摩罗什译的《法华经》，共 7 卷，原为 25 品，第 27 品为《观世音菩萨普门品》。此外，还有东晋佛陀跋陀罗译的《华严经·入法界品》、东晋难提译的《请观世音菩萨消伏毒害陀罗尼咒经》（简称《请观世音经》）。南北朝时期随着佛教的弘法，对观世音经典的译著有增无衰，有北凉昙无谶译的《悲华经》、刘宋昙无竭译的《观世音得大势受记经》、刘宋畺良耶舍译的《观无量寿经》，等等。随着观世音信仰的流传，中国内地出现了一大批被佛教列为"伪经"的有关观世音的经典，这些经典并非来自印度佛经的直译，是受佛教经典的影响而由中国僧人编纂的，其中吸收了源远流长的民间信仰。主要的

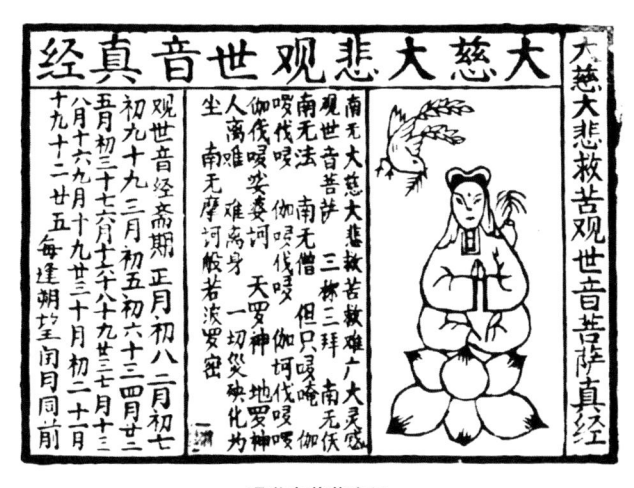

观世音菩萨真经

经典有:《高王观世音经》一卷、《观世音十大愿经》一卷、《观世音三昧经》一卷、《弥勒下生观世音施珠宝经》一卷、《观世音咏托生经》一卷、《弥勒下生遗观音大势至劝化众生舍恶作善寿乐经》一卷、《新观世音经》一卷、《日藏观世音经》一卷。虽然时至今日除《高王观世音经》及《观世音三昧经》外,其他都已佚失,但仍说明当时观世音信仰之盛。毫无疑问,不管是直译自印度的佛教经典也罢,还是吸收了民间信仰的被称为"伪经"者也罢,这些观世音经典的刊行促进了观世音信仰的广泛流传。就这样,观世音自西而来,越过青藏高原和喜马拉雅山的阻隔,随着丝绸之路的骆驼商队来到了古老的中原大地。中国接受了观世音,观世音进入了汉家。这异域文化要在中国本土扎下深深的根脉,就必然与中国传统的本土文化相碰撞、相交流、相融合,中国人信仰观世音的过程就是把观世音中国化的过程。因此,在华夏文化史上形成了独具特色的观世音信仰文化。

佛顶心陀罗尼经,佛经插图

第二章
观世音的神变

　　观世音菩萨矢志不渝地以救度众生为己任,就必然法力无边。印度佛教认为,观世音菩萨的显化可以使社会上各个阶层的不同角色超越其年龄、性别、贫富、贵贱等差异而接受,在《法华经》中这种本领被称为"方便之门"、"自在神力"。这种神力为中国百姓所喜爱和接受。在我国地方志和大量的文人笔记中记载了千姿百态的观世音形象。人们遇到危难急切虔诚地呼唤观世音菩萨时,其应身就会前来救苦救难。中国民间创造的观世音化身是那么匪夷所思,那么气韵生动、活灵活现。

静观凡间观世音

一、多变的观世音

佛教的哲学，认为一切诸法，都空无实性，如幻如化，所谓"幻"即幻相，所谓"化"即变化，二者都是假而非真，空无有实。以幻来喻解"法空"，在佛教典籍《楞严经》、《华严经》、《金刚经》等经典里都可看到。例如《楞严经》上说："诸幻化相，当生处生，当灭处灭。"又说："真相有为空，缘生故如幻。"《华严经》说："知身如幻无体相，证明法性无碍者"，"说一切法，犹如幻化，明诸法性，无有转动"。由于以如幻来解释法空，从而彻底了解幻的意义，幻所依据的实质是一种智慧，而熟练地运用幻化来做比喻说明的是一种善巧的布教方法，所谓"得入幻智，入方便门"。在民间观世音能显化各种形象，《观世音菩萨普门品》叙述了观世音的变化形象，例如：

> 应以比丘、比丘尼、优婆塞、优婆夷身得度者，即现比丘、比丘尼、优婆塞、优婆夷身而为说法；应以长者、居士、宰官、婆罗门妇女身得度者，即现妇女身而说法；应以童男童女身得度者，即现童男童女身而为说法；应以天、龙、夜叉、乾达婆、阿修罗、迦楼罗、紧那罗、摩睺罗伽、人、非人等身得度者，即皆现之而为说法；应以执金刚身得度者，即现执金身而为说法……是观世音菩萨成就如是功德，以种种形游诸国土，度脱众生。

观世音菩萨大慈大悲，能应一切众生的愿望，把人世间不同阶层的人们从形形色色的危机中解救出来，并能显化各种不同的形象，为众生宣讲佛法，使他们从尘世中得到解脱。

公元7世纪以后，印度佛教的密教的理论体系和实践体系传入中国。其崇拜的最高对象是大日如来，密教认为大日如来是宇宙的来源，是根本的佛，是一切智慧中的智慧，而这种智慧是以菩提心为因，以大悲为方便。① 佛门密宗有六观世音。密教观世音的造像不同，手势衣着不同，秘密法门的咒语与仪轨也不同。其中包括：千手千眼观世音、马头观世音、十一面观世音、准提观世音、如意轮观世音、不空罥索观世音。

千手千眼观世音：即大悲观世音。（详见本章第二节）

马头观世音：马头观世音原头顶为马形，其形象愤怒威猛。又称狮子无畏观世音，专门惩治恶人，行疗众生，息天灾地变。马头观世音的来历与双马童神有关。其以马头置于头顶。其形有三面八臂、四面八臂、三面二臂、一面四臂等多种。大足石窟的北端有大量密宗造像，其中有观世音的化身马头明王。他的造像是怒目圆睁，浓眉倒竖，巨齿獠牙，头发如光焰冲天，作怒吼状，有扫除一切邪恶，荡涤一切不平之势。

十一面观世音：十一面观世音又名大光普照观世音，密号慈愍金刚。描述其形象的佛经有三种：北周耶舍崛多译《十一面观世音神咒经》、唐玄奘译《十一面神咒心经》、唐不空译《十一面观自在菩萨心密言念诵仪轨经》。其形面有多种不同。一种为前三面作菩萨面，左三面作瞋面，右三面似菩萨面，后一面作大笑相，顶上一面作佛面，面部都向前。另一种说法，其一面为瞋面，化恶有情；二为慈面，化善有

---

① 参看李利安：《观音信仰的来源与传播》，第126页。

十一面观世音，清，版画

多臂观世音菩萨,清,版画

情；三为寂面，化导出世净业：这三面教化三界便有九面。九面上有一暴笑面，表示教化事业需要极大的威严和极大意乐方能无懈而成就。最上有一佛面，表示以上一切总为成佛的方便。又一种说法，十一面观世音菩萨前三面作慈悲相，左边三面作愤怒相，右边三面作白牙上出相，头后面有一面作暴恶大笑相，上一面作佛面。除面相排列外，十一面观世音的持物、手印也各有不同，有两臂、四臂、八臂等。其十一面，是为了表明其神力。《十一面观世音神咒经》说："我有神咒心，名十一面，具大威力。"此为一说，另外还有一说，即象征观世音修完了十个阶位，功行圆满达到佛的境地。

准提观世音：也作准胝观世音、七俱胝佛母。准提意为"洁净"，指此观世音心性洁净。又俱胝梵文意为"千万"，七俱胝即"七千万"，这里指数量众多。密教认为此菩萨是过去无量诸佛之母，故称为"七俱胝佛母"。《七俱胝佛母所说准提陀罗尼经》说：

> 应画准提佛母像，身黄白色。结跏趺坐，坐莲花上。身佩圆光。着轻縠，如十波罗密菩萨衣，上下皆作白色。[1]

又云：

> 其面有三目。有十八臂，上二手作说法相，右第二手作施无畏，第三手执剑，第四手持念珠，第五手掌俱级果，第六手持钺斧，第七手执钩，第八手执金刚杵，第九手持宝鬘，左第二手持如意宝幢，第三手持开敷红莲华，第四手军持，第五持羂索，第六手

---

[1] 《七俱胝佛母所说准提陀罗尼经》，《大正藏》第20册，第184页。

准提观世音，郭福贵绘

持轮,第七手商佉,第八手执贤瓶,第九手掌般若梵夹,莲花下画水池,池中有难陀龙王,坞波难陀龙王托莲花座,上画二净居天子。[①]

其修行的方法是"准提独部法"。修此法能使人消灾治病,健康延寿,福慧增进。

如意轮观世音:因其手分别持宝珠和轮宝,故名"如意轮",密号持宝金刚。如意轮观世音戴庄严冠,冠有化佛阿弥陀佛。其有六臂,右第一手作思维相,第二手持如意宝,第三手执念珠;左第一手按光明山,第二手持莲花,第三手持宝轮。六臂表示能以大悲心解除六道众生的各种苦恼。另有二臂、四臂、八臂、十臂、十二臂等。其经典有《观自在如意轮菩萨瑜伽法要》、《如意轮菩萨关门义注秘诀》。

不空羂索观世音:梵名阿牟伽皤赊,以手持不空羂索而得名,被称为不空羂索观世音菩萨、不空王观世音菩萨。羂索者,钓鱼之绳,捕兽之索,不空是指救世的心愿不会落空。"不空羂索"象征此菩萨以从不落空之索,普度众生。据《不空羂索神变真言经》描述,其身黄白,顶有螺髻,绀发垂下,首冠华冠,披鹿皮,覆左肩上,璎珞环钏而为庄严,佩身火焰。[②] 寺院所塑不空羂索观世音的形象,有三面十臂、三面六臂、一面四臂、一面十八臂多种。

天台宗有六观世音,其中包括大悲观世音、大慈观世音、狮子无畏观世音、大光普照观世音、天人丈夫观世音、大梵深远观世音。日本的真言宗(即密宗)认为,天台宗六观世音与密宗六观世音名异而实同。

[①] 《七俱胝佛母所说准提陀罗尼经》,《大正藏》第20册,第184页。
[②] 《不空羂索神变真言经》卷8,《大正藏》第20册,第268页下。

如意轮观世音，郭福贵绘

大悲即千手观世音，大慈即圣观世音，狮子无畏观世音即马头观世音，大光普照即十一面观世音，天人丈夫即准提观世音，大梵深远观世音即如意轮观世音。

为什么有六观世音之说呢？原来佛教有六道轮回的说法，即一切有生命的众生，将在六道中轮回。这六道是地狱道、饿鬼道、畜生道、阿修罗道（一种恶神）、人道、天道。观世音菩萨以六种形象出现为六道，破除信行佛法的三大障：由贪、瞋、痴、慢、疑、恶见等心理产生的烦恼障碍[①]；由本身、口意造成对不利于言行佛法思想和行为的业障；由落入地狱、饿鬼、畜生等道恶报的报障。

密宗在六观世音之上又有十五观世音之说。又添加的九尊为：

白衣观世音：又名白处观世音。白衣观世音身着白衣，处白莲花中，手执白莲花。我国民间称白衣观世音为"白衣大士"。据说念《白衣大士咒》，观世音即可出现，其曰："南大慈大悲救苦救难广大灵感观世音菩萨……天罗神，地罗神，人离难，难离身，一切灾殃化为尘。"白衣观世音像均为二臂，但手持法器、印契有种种不同。

叶衣观世音：叶衣观世音是一切诸佛智慧所幻的观世音。叶衣观世音作天女形，头戴宝冠，头发挽成三髻，戴五佛冠，身佩众宝饰璎珞，以树叶为衣裙，右足内蜷，左足伸，以菩萨如意坐姿安住于莲花月轮上。红色和黑色叶衣观世音是愤怒相，具有一面二臂；蓝色叶衣观世音是一面四臂愤怒相；黄色叶衣观世音是三面六臂。

水月观世音：亦称水吉祥观世音。这是观世音一心观水相的应化身。其形象有多种。有一种是站立在莲瓣上，莲瓣则漂浮在海面，观世

---

① 贪：贪欲；瞋：憎恨；痴：愚痴；慢：傲慢；疑：对佛教的学理怀疑；恶见：违背佛教义理的见解。参见方立天：《佛教哲学》，中国人民大学出版社2012年版，第124页。

白衣观世音菩萨，宋，彩塑，孙秉山临绘

水月观世音，明，版画

音正在观看水中之月；另一种是以莲花坐姿跌坐在大海中的石山上，右手持未敷莲花，左手作施无畏印，且掌中有水流出。此外又有坐相、三面六臂相等种。此以水中之月比喻"色即是空，空即是色"的佛教教义。

杨柳观世音：杨柳观世音以手持杨柳枝为特征。手心向上，示菩萨精进修道以求证得至上佛果；杨柳枝向下表示观世音虽欲勤求佛道，但仍念念不忘救度苦难众生。又观世音手执杨柳枝能除众生三灾八难，化五浊恶世为净土之乡。

阿摩齿来观世音：又称阿摩提观世音，意译无畏观世音，即马头观世音。

多罗观世音：观世音菩萨的化身，密教观世音部的佛母，位于现图胎藏界曼荼罗观音院内列（向右方第一列）观自在菩萨的西方，又称多利菩萨、多唎菩萨等。多罗意为眼，或作瞳子，据《大方广曼殊室利经·观自在菩萨授记品》所载，观自在菩萨住普光明多罗三昧，以三昧力，自眼中放大光明，多罗菩萨即从光明中生，为妙女形，以清凉光普照众生，怜悯众生犹如慈母，誓度彼等脱离生死苦海。其密号为悲生金刚或行愿金刚，三昧耶形是已开却合的青莲花。

青颈观世音：《青颈观自在菩萨心陀罗尼经》及《青颈大悲念诵仪轨》载，青颈观世音三面四臂，持杖、莲花、轮、螺，身色红白，但颈为青色，可表征烦恼即菩提之义，或曰观世音为救众生吞下龙王喷出的毒液而成青颈，此故事与古印度婆罗门大神湿婆有关。而我国民间的青颈观世音的产生却附会了民间本土的传说。详见第七章第三节。

香王观世音：香王观世音右臂下垂，五指皆伸，左臂屈肘，手于左胸前，拈青莲花。

不空羂索观世音：首戴化佛宝冠，一面四臂，面目熙怡。左右上手执莲花瓶、把数珠，下手施无畏印。或为一面三目，执莲花、三叉戟、

杨柳观世音，吴道子绘，刻石朱拓本

把羂索、施无畏印。披鹿皮衣结跏趺坐，璎珞珠钏庄严诸天衣。诸变化身有三面十八臂、三面六臂、一面四臂等。今传世诸像以三面六臂为多。敦煌壁绢画中也有不少作品，而日本所传多以一面十八臂为标准。

由于观世音菩萨利生有情、救苦救难的文化品格适应中土的国情，因此在此基础上，我国民间传承和创造着观世音信仰灵验的案例，民众中还出现了三十三观世音的化身，中国观世音的化身随着民间的需要口口相传而日趋丰富。民间工匠顺应娑婆世界众生的需求，在不同时代、不同地域创造出不同的观世音菩萨形象。民间观世音菩萨是信仰者脑海里浮现的，是活形态的，是时时产生的，是民众集体意识的结晶。

三十三观世音包括：

1. 杨柳观世音：手持杨柳。

2. 龙头观世音：为三十三身观世音内天龙身。

3. 持经观世音：为三十三身观世音内声闻身。

4. 圆光观世音：在圆光中现出色身，可使人免灾消祸。

5. 游戏观世音：乘五彩云，左手安放于偏脐处，作游戏法界状。

6. 白衣观世音：是三十三身观世音内的比丘、比丘尼身。

7. 卧莲观世音：合掌坐于池中的莲花座上，是三十三身观世音内的小王身。

8. 泷见观世音：倚于断崖上观瀑布的姿势。

9. 施乐观世音：右手撑颊，倚于膝上。

10. 鱼篮观世音：其像乘于大鱼背上，一为手提有盛大鱼之篮，谓可排除罗刹、恶龙等障碍，在民间称为马郎妇观世音，表明观世音在中国的民俗化及汉化的过程。

11. 德王观世音：右手持绿叶一枝趺坐于岩上，是三十三观世音的梵王身。

12. 水月观世音：为三十三身的辟支佛身。

13. 一叶观世音：乘一叶莲花飘于水上，是三十三身内的宰官身。

14. 青颈观世音：坐于断岩上，右膝立起，左手扶岩壁，是三十三身内的佛身。

15. 威德观世音：左手持莲花在岩上观水的姿势，是三十三身内的天大将军身。

16. 延命观世音：右手掌颊，倚于水边岩上，此为《普门品》内"咒诅诸毒药"的象征，能除此诸害而得延命。

17. 众宝观世音：右手着地，左手置于立者膝上，是三十三身内的长者身。

18. 岩户观世音：坐于岩窟内欣赏水面，是《普门品》中"蚖蛇及蝮蝎"一句的象征。

19. 能净观世音：伫立在海边岩石上，作静寂相。

20. 阿耨观世音：左膝倚于岩上，两手相交眺望海景，可避海上遭遇龙鱼诸鬼大难之险。

21. 阿摩提观世音：三目四臂，白肉色，乘白狮，身有光焰，天衣璎珞，左膝倚于岩上，二手置于膝上，是三十三身中的毗沙门身。

22. 叶衣观世音：身披千叶衣，头戴玉冠，冠上有无量寿佛像，四臂，右第一手持吉祥果，左第一手持钺斧，第三手持羂索，是三十三身中的帝释身。

23. 琉璃观世音：又名香王观世音，乘一片莲花，轻浮水面，双手捧香炉，是三十三身中的自在天身。

24. 多尊罗观世音：直立乘云的姿势，是《普门品》有"或值怨贼绕"一句的象征。

25. 蛤蜊观世音：出现于蛤蜊贝壳中，是三十三身内的菩萨身。

26. 六时观世音：右手持梵夹的立像，是三十三身中的居士身。

27. 普照观世音：双手披衣，立于山岳之上，是三十三身内的大自在天身。

28. 马郎妇观世音：身披天衣，两手垂立，是三十三身内的妇女身。

29. 合掌观世音：合掌六于莲花台上，是三十三身内的婆罗门身。

30. 一如观世音：坐于云中莲花座上，左立膝，是《普门品》中"云雷鼓掣电"一句的象征。

31. 不二观世音：两手垂重，乘一片莲叶，浮于水面，是三十三身中的执金刚神身。

32. 持莲花观世音：乘坐莲叶，两手执莲茎的姿势，是三十三身中的执金刚神身。

33. 洒水观世音：右手执洒杖，左手执洒水器，作洒水相，是《普门品》中"若为大水"一句的象征。

三十三观世音的概括有的与十五观世音相同，如白衣观世音、杨柳观世音、叶衣观世音等。这些观世音菩萨是民众生活信仰意识的集体意识，融入了中国民间的信仰、智慧、情感、想象，成为观世音中土化的助力和象征。

《华严经》卷45《入界法品》说到观世音菩萨变化的各种形态：

> 或现声闻色像，或现梵天色像，或现一切苦行色像，或现良医色像，或现商人色像，或现正命色像，或现妓人色像，或现天色像，或现一切技术色像，或现一切城邑聚落京都色像，随其所应往诣其所。或现种种色身音声，教化众生，或现诸语言法，种种威仪，种种菩萨行，种种巧术，一切智明为世间灯，普照众生，业报庄严，分别诸方，悉行圆满菩萨诸行。

显示不同的观世音庄严宝相,是由于观世音菩萨承担了救助人们的使命。一方面如《华严经》所说,"或现种种不思议色净光明网","或现神变";另一方面,在观世音信仰的民间传播中,民间按照观世音"或现神变"的经典,增加了观世音显化的种种宝相。

观世音大士像,近代,张大千绘

二、大悲观世音

中国民众喜爱观世音，尤其是喜欢千手千眼观世音，也就是大悲观世音。在中国国土上，大悲观世音流传甚广。"大悲"本是观世音的名号之一，人们在称呼佛的时候，也用"大悲"一词，而用于观世音则称"千手千眼观世音"。大悲观世音的造像是奇诡的，如承德避暑山庄大乘阁的千手千眼观世音菩萨像高22.28米，腰围15米，整个雕像共用木材合120方，重约110吨，千手千眼观世音菩萨双手合十站立在高1.22米的汉白玉石莲花须弥座之上，宽额，端鼻，双眉阔大，神采奕奕。开封相国寺八角楼也有乾隆年间的千手千眼观世音菩萨的木雕像，其构图与敦煌莫高窟的千手千眼像的构思相似。大足石窟的宝顶山有千手千眼观世音的造像，非常壮观，造像在88平方米的崖面上一下子铺开了千手千臂，恍如一巨大的孔雀向世人展开了救助的屏羽，使人在壮观中感到无穷的力量。这无数手臂衬托着低眉的菩萨，低眉表现她对世人的关注，而手臂又显其法力无边。龛下的两头，就刻有一位老人和一个乞丐，他们贫病交加，正在求助观世音的护佑和施舍。

佛教大悲观世音的特征是千手千眼。据唐代伽梵达摩所译《千手千眼观世音菩萨广大圆满无碍大悲心陀罗尼经》等记载，这位菩萨发誓要利益一切众生，于是长出千手千眼。寺院一般造型是，左右各具二十手，掌中各有一眼，各眼配二十五"有"（三界中二十五种有情存在环境，包括欲界十四种，色界七种，无色界四种等）而成千手千眼。另一

千手千眼观世音像，清，石刻线画

种造型实有千手,于千手掌各有一眼,首戴宝冠,冠有化佛。其正大手有十八臂,先以两手当心合掌;又十手,分别持金刚杵、三戟叉、梵夹、宝印、锡杖、宝珠、宝轮、开敷莲花、羂索、杨枝;又四手,一手把数珠,一手把水灌,一手施出为甘露,一手施出种种宝雨;又两手当脐右押左抑掌。其余九百八十二手,皆于手中各执各种器仗等。《千光眼观自在菩萨秘密法经》中说:"大悲观自在,具足百千手,其眼亦复然,作世间父母,能施众生愿。"[1]千手千眼观世音的来源就是能施众生愿。

在唐代,印度瑜伽密教大规模地传入我国,它是大乘佛教发展的最后阶段。唐代的观世音咒经有九种之多,最为著名的是《千眼千臂观世音菩萨陀罗尼神咒经》和《千手千眼观世音菩萨广大圆满无碍大悲心陀罗尼经》。后一本最为流行,称为"大悲咒"。千手千眼观世音的特征是:

第一,千手千眼观世音具有大悲方便力,救度一切苦众生的功德。《千手千眼观世音菩萨广大圆满无碍大悲心陀罗尼经》说:

> 尔时观世音菩萨,从座而起,整理衣服,向佛合掌白佛言:世尊我有大悲心陀罗尼咒。今当欲说,为诸众生得安乐故,除一切病故,得寿命故,得富饶故,灭除一切恶业重罪故,离障难故,增长一切白法诸功德故,成就一切诸善根故,远离一切诸怖畏故,速能满足一切诸希求故。惟愿世尊,慈哀听许。[2]

---

[1] 《千光眼观自在菩萨秘密法经》,《大正藏》第20册,第119页下。
[2] 《千手千眼观世音菩萨广大圆满无碍大悲心陀罗尼经》,《大正藏》第20册,第107页上—中。

观世音要摒除一切邪恶，成就一切善事，她可以使人远离一切诸怖畏，给人以安乐，除去一切疾病，给人以健康和长寿……短短的一段话，用了六个"一切"，恰恰说明观世音的功能无边，功德无量。

第二，观世音菩萨的造像神秘奇诡。日本学者小林市太郎曾说："密教诸宗的威力在神咒，魅力在形相。"① 密宗教派必须三密相融合。口诵真言，即咒，此称语密；手接契印，称身密；心接观想，称心密：三密相融合，身即成佛便能战胜一切邪恶。密教还有一套特殊的仪轨。在密教建坛修法的方法即营建曼荼罗。印度密教修"密法"时为防止魔众侵入，在现场画一圆圈或建一方形土坛，上面从中央到四方层层供佛和菩萨，这就叫曼荼罗，即"坛场"。密教特别推崇千手千眼观世音，在《千手千眼观世音菩萨广大圆满无碍大悲心陀罗尼经》里，叙述了千手千眼观世音的本缘：

> 善男子，汝当持此心咒，普为未来恶世一切众生，作大利乐。我于是时，始住初地，一闻此咒故，超第八地。我时心欢喜故，即发誓言。若我当来，堪能利益安乐一切众生者，令我即时身生千手千眼足。②

观世音刚刚发完了这个誓愿，立时具备了千手千眼："十方大地，六种振动，十方诸佛，悉放光明，照触我身及照十方无边世界。"《千手千眼观世音菩萨广大圆满无碍大悲心陀罗尼经》记载观世音的功能和宏愿是以普度救人为己任的，但到底能够救助多少人，却是个未知数。千

---

① 〔日〕小林市太郎：《小林市太郎著作集》第7卷，淡交社1974年版，第104页。
② 《千手千眼观世音菩萨广大圆满无碍大悲心陀罗尼经》，《大正藏》第20册。

观世音菩萨救苦经,明,佛经插图

手千眼观世音具备了救助一切人的条件,具备了非凡的力量,仿佛如沧海一粟的芸芸众生全都在观世音的庇护之下。《千手千眼观世音菩萨神咒经》说:"能灭罪治病,降伏魔怨,满足祈愿,请雨止雨,殊胜功德。"观世音菩萨形相的呈现具有象征意义,一方面其表现了佛教的教义、教理和哲学内涵,另一方面其作为具体形象出现,就有了方便传播的机会,利于民众的膜拜和信仰。

第三,属于密教的千手千眼观世音菩萨在我国本土具有诸多巫术显现。

(一)符印。由于信仰的驱使,人们认为观世音菩萨可以解决现世提出的各种难题,可以创造不可能出现的奇迹。当代学者高国藩先生在《中国民俗探微——敦煌巫术与巫术流变》一书中论述了唐人在敦煌文献伯三八七四《观世音及世尊符印十二通及神咒》中记录的密宗诸多巫

千手千眼观世音菩萨

术的表现，其中也包括符印。例如观世音如意印、爱乐之印、如意轮王摩诃印等。戴上观世音如意印，就可以"隐身，万人不见，若入王宫，化诸妃后"。又如在"爱乐之印"里写道："带一日万罪消灭，若带二日（灾难）消除，若带三日功力无比，若带四日神通自在，若带五日腾空。"①带（戴）一日有一日的灵验。真乎？假乎？崇信者并无暇考虑，从心理学来讲，点燃的是希望的烛火。

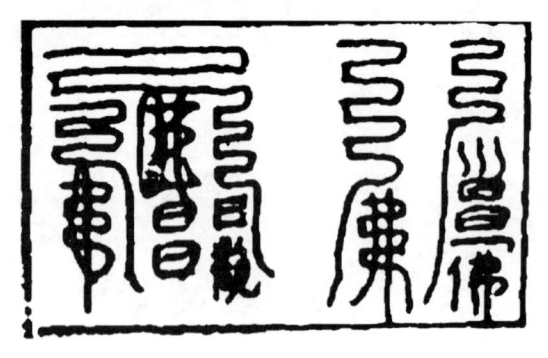

如意轮印

（二）咒术。大乘佛教提倡念观世音咒可以灵验。著名的千手千眼观世音咒就是"六字大明咒"，即"唵嘛呢叭嚒吽"。戴孚《广异记》记叙了密教观世音的故事②，如"李昕"条，讲唐人李昕，善持千手千眼大悲观世音咒，有人患疟疾，他就念观世音咒，病人能痊愈。李昕之妹染上了疟疾，在入坟墓时，有一人说，这是李四郎的妹妹，李四郎知此，必然念神咒，还是把她妹妹送回到人世为好。于是，李昕之妹从阴间回到了阳间。这个从生到死又死而复生的信仰传说宣扬了观世音咒的灵验和巨大的威力。《宋高僧传》卷25记载大悲咒灵验的故事比比皆是。例如有一个叫神智的和尚因念大悲咒而有了特异功能，他"恒咒水杯，以救百疾，饮之多差，百姓相率，日给无算"。

---

① 高国藩：《中国民俗探微——敦煌巫术与巫术流变》，河海大学出版社1993年版，第433—434页。

② （唐）唐临、戴孚：《冥报记·广异记》，中华书局1992年版。

（三）蛊道巫术。蛊是一种魔术毒虫。所谓"蛊道"，是用咒语唤来使人致死致残的蛊虫，用此巫术加害于别人的一种方法。它产生于原始社会，又在历代某些区域蔓延。在历代的史籍和笔记里都有关于蛊的记载。据无名氏《湖海新闻夷坚续志·补遗·拾遗门》记载，传说唐玄宗得了蛊，钟馗说"宫中有蛊气"，于是在宫中施术捉鬼。人们害怕蛊道的迫害，就祈求于观音祈福禳灾。[1]

密教重视神咒真言。敦煌典籍伯三九二〇《千眼千臂观世音菩萨陀罗尼神咒经》说："若诸人天诵持大悲心神咒者，得十五种善生，不受十五种恶死……九者不为蛊毒害死。"另有诗云：

> 若入野道蛊毒家，饮食有药欲相害，至诚称诵大悲咒，毒药变成甘露浆。[2]

据《千手千眼观世音菩萨广大圆满无碍大悲心陀罗尼经》载，诵此经即著名的《大悲咒》，可以避免"十五种恶死"，例如疾病缠身、饥寒困苦、水灾火灾等，而获得"十五种善生"，例如常遇善友、家庭和顺、生活富足等。[3]

大悲咒

---

[1] 高国藩：《中国民俗探微——敦煌巫术与巫术流变》，第468页。
[2] 高国藩：《中国民俗探微——敦煌巫术与巫术流变》，第469页。
[3] 参见《千手千眼观世音菩萨广大圆满无碍大悲心陀罗尼经》，《大正藏》第20册，第107页上一中。

佩戴护身物也可制蛊。敦煌典籍伯三九一六《佛部三昧耶印》说：

> 若复有人或于练上，或于桦皮，或于叶上，书此如来顶髻白盖，无有能及者，能调伏陀罗尼，或戴身上，或系颈上，及至寿终，毒不能害，刀不能伤，水不能溺，蛊毒厌蛊，非时横死，亦不能害。①

这是密教以反抗巫术来破除蛊道巫术的表现。

（四）佩戴药丸制蛊。佛教密宗制造治疗蠱毒的专门药丸。敦煌典籍伯三九一六《不空羂索神咒心经》说："若咒药丸，系在身上，刀毒水火，恶兽冤家，厌魅蠱道，一切灾横，皆不为害。"这种药丸不是服用的，而是系在身上的，据高国藩考证，所佩戴的药丸到底是什么药还是一个谜，可能多为印度药或为巫药。②

符咒是道教里的事，怎么佛教也讲符印、咒术？佛教中的密教讲究符咒、禳梦、治蛊等等。符咒、禳梦、治蛊来源于民间，在生产水平和认知水平均较低下的情况下，人们企图用符咒等方法去支配自然，支配自己的命运，把希望寄托在错误的总结和联想上面。

千手千眼观世音，在梵语里或称"千手千眼观自在"。《千手千眼观自在秘密法经》说："大悲观自在，具足百千手。"千手千眼的特征在于其手众多，达一千只，正是要通过这千种姿势的手臂表现观世音的神力。在民间信仰的长河中，千手千眼观世音来源于妙善公主的传说。现在存于河南平顶山的宋代碑文《大悲菩萨传》和后来元代文人管道昇

---

① 高国藩：《中国民俗探微——敦煌巫术与巫术流变》，第470页。
② 高国藩：《中国民俗探微——敦煌巫术与巫术流变》，第471页。

的《观世音大士传》都是在民间传说的基础上整理的。其基本母题是妙音公主割下自己的一只手臂和一只眼睛为父亲治好了病，其父"吁叩天地，求为完之"，她立志要为天下所有的人治病，发愿之后，身披万道金光的千手千眼的公主出现了。这既符合佛教的解释，又具有中国色彩。以这个基本母题为基础，出现了种种异文。

第一，关于妙庄王的病因。有的传说认为妙庄王火烧了白雀庵，无数冤魂去告状，阎王惩治他而让他生疮；有的说妙庄王大动干戈，冤魂遍野，其病同样是阎王惩治的结果。

第二，妙音公主出家的异文。妙庄王要妙音公主一夜之间磨三担麦子，又逼迫她一夜之间浇得百花齐放。妙音都做到了，却被妙庄王贬在寒宫。之后，她来到白雀庵，妙庄王又焚烧白雀庵。此时玉皇大帝救了她，她矢志出家修行，拒绝了土地神和山神派的白猿化成的美少年的引诱，又不惧怕山神化成的老虎的威胁，历经磨难，终成正果。[①] 我国汉族和少数民族都有不少难题型故事，观世音故事的情节只是其翻版。这个故事中鲜明的中国特色又一次说明观世音菩萨的本土化。

第三，河北一带的传说把妙庄王改成了灶王爷。河北正定城内有座著名的隆兴寺，寺里有座身高22米的大悲菩萨，建于公元971年。当地传说千手千眼观世音是灶王爷的二女儿，灶王爷好吃贿赂，谁给他吃得好，腊月二十三上天时，就在玉皇大帝面前说好话，否则就使坏。二女儿因指责灶王爷的行为被赶出了家门。后来她学佛成为千手千眼观世音，是玉皇大帝所封。[②] 灶王爷或者灶神在我国民间信仰中有着悠久的历史。灶是我国家居生活的中心，在民间信仰里，灶王爷也因此成为一

---

① 刘锡诚主编，长生编：《观音的传说》，第77—86页。
② 刘锡诚主编，长生编：《观音的传说》，第87—93页。

家之主。在我国,灶神具有深刻的文化含义,是家庭的表征。把千手千眼观世音说成灶王爷的二女儿具有浓厚的本土色彩。

大悲观世音为什么能在我国本土广泛流传呢?长期以来,大乘佛教教派存在着"净土成佛"说和"秽土成佛"说。在隋唐时期,净土信仰广泛传播。与秽土成佛相比,净土成佛有如下特征。

第一,净土成佛勾画了一个超然的美妙境界。梁代的沈约在《弥勒佛铭》中写道:"于惟净土,既庄且丽,琪路异色,林沼辉煌……玲珑宝树,因风韵响",身处"五浊恶世"的凡夫俗子何乐而不为呢?

第二,净土信仰重视实证。中国百姓并不重视成佛的过程,而关心自己是否能成佛,释迦牟尼成佛是依赖自身的修养和觉悟,而处于艰难生活中的民众希冀解决民众生活的各种问题。在生活中碰壁的时候,向往他力的救济。

第三,净土信仰宣传迅速成佛。净土信仰宣传是要靠"阿弥陀佛"的本愿来实现的,实现这个目标只需念叨"观世音菩萨"的名字即立竿见影。《观世音普门品》里的观世音菩萨是以救苦救难度人为终极目标的。观世音之所以被奉为救世主,除其本身就具有救众生苦的品格外,还有另一个原因,即中国百姓对这位女菩萨的亲近感。在中国传统文化的框架中存在着女神崇拜的潜流,观世音信仰是母性崇拜情结的投影。在民间信仰的进程中,观世音救助的普遍性和随时显化的方便性,使其在民众信仰生活中愈扎愈深。于是人们信仰的观世音发生了很大的变化,即不只是信仰《法华经》中的观世音,还信仰净土佛教的观世音,后者不仅重视现世,也重视来世,与来世的地藏菩萨的信仰结合在一起。

千手千眼的观世音造像与民间传说的各种感应故事相联系。由于《观世音普门品》中救济的内容是"济七难、离三毒、免三求",于是在一些千手千眼观世音造像中，除了有伸出千手救助民众的形象之外，还有现实中贫苦的饿鬼、贫儿形象。《千手千眼观音陀罗尼》号称"威神之力不可思议"，"若诸人诵持'大悲心咒'者，得十五种善生、不受十五种恶死"。十五种恶死的第一条就是"饥饿困苦死"，十五种善生的第九、十二条分别是"资具财食，常得丰足"和"意欲所求，皆悉称遂"。从敦煌的女性观世音圣像与世俗民众组合在一起的现象可以看出，这已经不是外来佛教的"佛土"论，而是经过中国化的、中土意识的产物。

民众观世音信仰有造像和祈愿的习俗，通过捐赠观世音的造像而祈愿，而这种祈愿的内容是与世俗生活的愿望联系在一起的。比如期望普降甘霖、期望家庭幸福、期望病情疗愈、期望生子、期望亡人安宁等等。捐赠造像的既有达官贵人，也有平民百姓。不论是何种社会身份，其祈愿都是世俗生活的内容。敦煌存在开元天宝年间曹元忠妻绘制的观世音像。曹元忠为河西地方的节度使，画像是为其子延瑞妇难月功德而作。其上有四供养人像，女像三，男像一。考男像为延瑞，女像为元忠妻及子妇，而无元忠。[①]今藏于法国吉美博物馆的敦煌藏经洞纸绢画有一幅水月观世音像，据其题记看，是节度押衙马千进在934年为其亡姒追福而画。又过15年，翟奉达为亡妻抄《水月观音经》题记云："敬画大悲观世音菩萨一躯体并侍从，又画水月观音一躯。二铺观音，救民护国，济拔沉沦。"[②]从观世音图像的题记看，其与世俗世界非常贴近，不仅有对于个体以及家庭的祈愿，而且唐代观世音还成为护国佑民的保护神。

---

① 王国维：《曹大人绘观音菩萨像跋》，《观堂集林》卷20，中华书局1984年版；姜亮夫：《莫高窟年表》，上海古籍出版社1985年版，第562—565页。
② 王慧民：《敦煌写本水月观音研究》，《敦煌研究》1992年第3期。

净土信仰一方面表现在观念上，一方面表现在造型上。在观念上西方乐土的思想与中国本土文化中的灵魂信仰相联系，净土信仰要解脱自身超越现实领域，超越此界便形成对彼界的向往和追求。莫高窟第71窟壁画净土变中有一思维菩萨，俯首支颐，眼视空茫，凝神默想，内心的澄净空灵和外表的静谧统一在美好的形象之中。

大悲观世音像有多种，有两臂、四臂、十二臂、十八臂、三十八臂、四十臂、四十二臂、四十八臂、七十四臂种种，这些都是千手千眼观世音的简化形式。厦门南普陀寺有四十八臂观世音，四十八臂各有所执，所执之物不同，表现出菩萨有多门度生悲怨：1.手下伸，掌向上，名施无畏手，表示除一切众生怖畏；2.执日手，救眼暗无光者；3.持月手，救患热病令清凉；4.宝手，为众官位者；5.宝箭手，令善友早相遇；6.净瓶手，为求生梵天者；7.杨枝手，除种种病难；8.白佛手，除一切恶障；9.宝瓶手，为调和眷属；10.盾牌手，辟一切恶兽；11.钺斧手，除一切苦难；12.髑髅宝杖手，役使一切鬼神；13.数珠手，能得一切佛接引；14.宝剑手，降伏一切鬼神；15.金刚杵手，摧伏一切怨敌；16.铁钩手，能令龙王拥护；17.锡杖手，慈悲覆护一切众生；18.白莲花手，成就种种功德；19.青莲花手，为生十方净土；20.紫莲花手，能见十方诸佛；21.红莲花手，能令升天；22、23.顶上化佛手，为得诸佛摩顶受记；24、25.合掌手（二手），令一切人和鬼神受敬；26.宝箧手，能得土中伏藏；27.五色云手，能速成佛道；28.宝戟手，能辟除贼怨；29.宝螺手，号召天神；30.如意宝珠手，能令富饶；31.羂索手，令得安稳；32.宝钵手，令身体安稳；33.玉环手，令得仆役；34.宝铎手，令得上妙音声；35.五股杵手，能降伏天魔外道；36.化佛手，生生不离佛；37.化宫殿手，生生在佛宫殿中，不受胎生；38.宝经手，令博学多闻；39.金刚轮手，直至成佛多不退转；40.濮桃手，令稼谷丰收；

十八臂观世音像，清，绘画，孙秉山临绘

41. 宝镜手，成就大智慧；42. 印手，成就大辩才；等等。一般再加麦穗手、羯磨轮手、宝矛手、宝锤手等共四十八臂。

佛教文化是智慧文化，其机锋含有特定的灵思。它体现了人类思维的敏捷和在自觉爆发中闪烁的灵光，匪夷所思，异想天开，而又具备思维成果的深刻性。佛的智慧、机巧构成中国观世音文化特有的智慧性能和品格。大悲观世音的造像和广泛传播表明，中国的观世音文化已经步入了一个新的信仰境界和美学境界，同时它给人以深邃的启迪。如果说，媚态观世音和数珠观世音显示了动态美，六臂观世音和宝珠观世音显示了静态美，马头明王显示了威猛和狞厉美的话，那么千手千眼观世音则集动态美、静态美和威猛狞厉之美于一身。

观世音

三、观世音的特征

观世音信仰来自印度,在中国传承的过程就是在不断地民间化、民俗化,因此观世音信仰是将人的本质力量加之于自然力量和社会力量的结果,是一种社会力量和自然力量的神化,并成为人们信仰和追求的目标,民间幻化出的观世音是静观凡间的观世音。凡间的观世音具有下列特征。

第一,随时显化的特征。

民间创造的观世音有各种形态,有女相,有男相,有须眉皆白的老人,有宛若天仙的少女,有身披袈裟的僧侣,有手提鱼篮的民妇,有时有善财龙女相随,有时则只身现于人间。总之,观世音的形象千变万化,带有随时显化应时应地的色彩。例如观世音能够适应中国本土文化的需要,由男相改为女相,但在民间,也常以男相出现。清代还有男相观世音的记录,据《普陀山志》载:

> 康熙二十九年六月二十九日,定镇兰公理,进山。谒梵音洞,亲见大士现身。大眉赤面,富须髯,眼露青白光,鼻准微有白点,衣黄黑色,阔领方袍,微似达摩状,头顶俱见,后坦露一手,又见一小佛,赤脚立大士顶上,公叩谢不已,倏无所睹。

这位"大眉赤面,富须髯"的观世音恰似民间喜爱的关公。同文献又载:"清释无隐,参究得悟,曰名山大川,无非菩萨影现道场,脚头脚尾,处处逢渠,礼普陀,现妙庄严身。"这位妙龄少女与那位须眉大相径庭,可见其形象是由信仰者随意塑造的。民间信仰的观世音的性别、年龄、身份、服饰绝不雷同,有时"衣绿色",有时"见红色观音像",有时"身金色璎珞",有时"缟衣缥带,珠璎交错,精神顾盼",有时"宝冠璎珞,手执杨枝,碧玻璃碗",有时"见紫金光自在相,坐石上",有时显人形,有时显动物形。

观世音男身像

据《比丘尼传》载:

> 晋尼令宗于冀州免贼难,晚达孟津,无船可济,更念旨及大士名,忽一白鹿,下涉河流,宗随之行,竟不沾濡,因得到家。①

又《善余堂笔乘》载,明代有一个叫刘谷贤的人,落于海中,已经被冲出几十里,这时有一条特大的鱼浮出水面,他骑在鱼背上逃生,他说因为他一直诵读观世音经。

从文学的角度来说,这完全是一种随意的幻想,而从信仰者的角度

---

① (南朝梁)释宝唱撰:《比丘尼传》,中华书局2006年版。此书是晋、宋、齐、梁四朝著名的六十五比丘尼人传记。

观世音大士像，元，绘画，孙秉山临绘

观世音菩萨变相，元，石刻，孙秉山临绘

来看，这种幻想建立在真挚笃信的基础之上，这种随意性可以使观世音适应中国各个阶层、不同年龄、不同性别的人的需要，满足不同层次的人物世俗的欲求。

观世音信仰也传入我国少数民族地区。云南白族至今还流传着许多关于信仰观世音灵验的传说。据学者考证，公元7世纪末佛教由西藏传入大理。《南诏中兴图传》①以连环画的形式，展现了第一代王蒙细奴罗受梵僧点化并接受白子国王张乐进求禅位的开国神话故事。这里面记叙了当时七圣僧的事迹。而民间认为这七位圣僧为观世音所化，已明确地记载了观世音的传说。康熙刻本《白国因由》盖集各书之说而加以敷衍，认为白族的起源、段氏大理国的建立都与观世音有着极为密切的关系。书中记载了"观音初出大理国第一"、"观音化身显示罗刹第二"、"观音乞罗刹第三"、"观音诛罗刹盟誓第四"等十八个观世音显化的事迹。相传恶鬼罗刹在洱海地域常以各种形态出现，飞翔于苍山洱海之中。恶鬼喜吃人，尤其喜欢吃独生子女的眼睛，观世音菩萨化为老僧来到大理城西苍山中和峰下，为白族人民降伏了吃人的魔王罗刹。清代《洱海丛谈》中记载，观世音可以七化：

> 观音七化。唐永徽间，化白须老人，戴红莲瓣冠，披袈裟，持钵，至农家乞食。二化梵僧，持钵向媪妇乞食。三化梵僧，坐宝磐石前，有青牛，左有白马，右有白象，遭覆五色云。云中二童，一执杖，一执镜，良久乃隐。四化一僧，持杖擎钵，牵白犬乞食开南

---

① 《南诏中兴图传》系南诏蒙舜化贞中兴二年（898），由画工张顺、王奉宗绘制。全卷纸本彩绘，全长580.2厘米，高31.5厘米。画卷线条流畅，结构严谨，造型丰满，设色绚丽，具有唐代画风。其文字卷长达1000多字，是研究南诏宗教、官制、生产、民俗、服饰的珍贵资料。

显化人形的观世音

显化非人形的观世音

郡，村多盗恶犬，乃执僧支解之。须臾复生，更杀之，焚骨为灰，贮以竹筒沉水中，须臾裂竹而出，形体无损，一村惊惧皈依。五化僧执杨柳，蹑木屐行，走马追之不及，箭射之，箭皆化为莲花，今洱东所谓莲花菜也。六化游僧，忽腾空现大相，光芒不敢仰视，有老人铸此相奉祀焉。七化僧名菩萨提陀诃，云吾西方莲花部尊阿嵯耶观音，行化至此，今安在，语讫化去，即大士化身也。①

此七化中观世音都以梵僧的形象出现，但具体形象、手中持物、行为方式及服饰装扮都不相同，尤其是第四化，神奇诡谲，出奇制胜。观世音化为一僧，被村中恶犬支解，竟然复生，又被杀且焚毁，又一次复生。支解也罢，火烧也罢，抛水也罢，都奈何不了观世音。观世音的神奇达到了出神入化的程度。其实七化还不算多，《普陀山志》载："山阴滋德堂戴王瀛，家藏普陀梵音洞大士示相，共五十三现，绘画行世。"一方面，这种变化适应平民百姓的精神需求；另一方面，也与佛教的"方便说"有关，佛教提倡在教化不同情况下的众生时要"方便善巧"、"方便权略"，允许采取各种"方便法门"，灵活引导众生，这就使得观世音形象得以丰富多彩，适应中国各地域的民情。

第二，世俗化的特征。

佛教哲学以破除一切主客、内外之对立为手段，以实现绝对超越和涅槃的境界为目的，这是既超越了现实的苦难又超越了死亡恐惧的境界。这样的境界，中国百姓不是不向往，而是觉得不可企及，不是不追求，而是觉得有些迷茫。他们意念中的观世音和编织创造的观世音具有世俗化的特征，所谓"世俗化"就是很多平民百姓关心现实的

---

① （清）释同揆：《洱海丛谈》，浙江巡抚采进本。

利益和现世信仰的功力,而精神的解脱处于次要地位。中国百姓把观世音信仰纳入自己的日常生活之中。

在观世音的来源上,除了前文所说的妙善公主传说和马郎妇传说外,还有多种观世音信仰起源于中国本土的传说。例如"观世音娘娘是凡人变的"的传说:

> 一个叫苗凤英的少女不满意包办婚姻,就祈祷苍天,突然天昏地暗,人们找不到新娘了,最后看见苗凤英在吃斋念经,她说:"伸脚伸在佛身边,五百罗汉两旁边,上床就是观音殿。"①

民间信仰的观世音菩萨与佛教信仰的观世音,既有联系,又有区别。在民间信仰里,观世音贴近民众的生活,特别是下层民众的生活世界,民间的观世音信仰具有鲜明的世俗化色彩。

佛教中的菩萨无有男女之别,或男或女都是菩萨在人间的显化。对于其显化成男或女,民间另有说法。观世音为什么显女相?中国百姓说,观世音菩萨在行医治病的过程中发现一妇女难产,为了解救妇女的苦难化装成女巫,使产妇转危为安,但是大袍子下还露出一双男人的大脚呢。②为了救助产妇,她成为女性观世音。还有另一说法:

> 有条河流没有桥,常常船毁人亡。有一赶考的举人也遭遇了此事。他当了头名状元,决定修桥,但苦于没钱。这时有一美丽的弱女子想了个办法:如果谁用金银击中河心舟中的才貌双全的美女,

---

① 刘锡诚主编,长生编:《观音的传说》,第23页。
② 刘锡诚主编,长生编:《观音的传说》,第96页。

显化男性的观世音,明,版画

美女就嫁给谁。想娶美女的豪门富户所投金银无数,但是谁也没有投中。这时有位神仙看出这美女是观音,就砸一元宝,正好砸在姑娘肩上,这一砸,观音变不成男人了,只好成为女人。①

玉泉寺有一块男观世音碑,上面有诗云:

> 观音菩萨妙难酬,清净庄严累劫修。
> 千处祈求千处应,苦海常作渡人舟。

原来唐代著名画家吴道子来到这寺庙,看见破烂不堪,瓦砾满地,

---

① 刘锡诚主编,长生编:《观音的传说》,第98页。

大为惊奇。一老者告知,这里的和尚专门拐骗良家妇女,致使这里没有香火,一片苍凉。神笔画家接受老者的恳求,为寺庙画观世音像。画好之后,凝神良久,为度化这寺内作风不良的和尚,他在观世音的画像上平添了三根胡子。① 变男也罢,变女也罢,始终不离观世音的文化品格,即度化众生。观世音可以变为民间巫婆,变为美女,变为长胡子的男人,无论怎么变化,她总是强烈关注人生的疾苦和灾难,这种关注社会、关注民生的现世精神得到民众的喜爱。其实民众是把自己的希冀和美好愿望投注到观世音身上,从这个角度说,有多少信仰者,就有多少观世音。

佛教造像上观世音的装饰偏于庄重,而在民间,观世音的装饰也同样显现出强烈的世俗化的色彩。很多造像的观世音都打赤脚,赤脚成为民间观世音形象的一个特征。观世音为什么打赤脚?有这样的传说:

> 水妖的水灌不满观音的净水瓶,观音得意忘形。山神要治一下得意忘形的观音,说让观音净瓶里的水把山神的指甲盖满,观音不屑一顾,哪知竟然没有盖满山神的指甲,观音不好意思,转身就跑,成为赤脚观音,原来山神是佛祖变来教育他的。②

这个民间传说很有意思,观世音与常人一样也有缺点,民众把她从神圣拉向了世俗。这显然是民众的创造,与印度佛教的观世音显然不同。而她打赤脚又是为了接受佛祖的教诲,一心修道。也有这样的传说:观世音出生在穷人家,勤耕苦织,还是没有陪嫁。她害怕嫁人受气,就赤着脚出家了。③

---

① 刘锡诚主编,长生编:《观音的传说》,第110页。
② 刘锡诚主编,长生编:《观音的传说》,第113页。
③ 刘锡诚主编,长生编:《观音的传说》,第115页。

观世音救助世俗人的方式也完全是世俗化的。观世音制服蛇精的方法是把它装入净水瓶中。观世音送子往往是一中年妇女怀中抱着一胖男孩的模样。大理的观世音向土地公借地的时候，采用射箭的方法。当然，观世音普度终生的方式不乏诡奇的想象，不乏超人间的方式，不乏使人拍案叫绝的异彩，但是无论如何诡奇，如何超凡，毕竟没有脱离世俗的轨迹，没有脱离人间的生活方式和思维方式。世俗化作为一种文化意识，是底层社会的文化意识。从中国传统文化的进程看，儒教、佛教和道教都有向世俗靠拢的趋向。学者们只是指出了这种趋向，但是没有透彻研究其中的原因。民俗学者认为，根本原因在于中国百姓丰厚的历久弥新的民间文化的积淀。这一丰厚的文化积淀不仅仅改变了佛教中的观世音形象，而且成为触动正统宗教和哲学发生嬗变的基石。

第三，超越性的特征。

世界上的任何人与事都处于特定的时间和空间之中。人们对于时间和空间的体验只有与人类生活相结合，才能彰显出其鲜活生动的现实意义。所以海德格尔才会断然说："没有人便没有时间。"而我们谈到时间的时候，必然是在空间中感受时间，时间和空间是内在于人的一种状态。在日常生活中，时间是线性的，空间是固定的，这是人间体验的时间和空间。

观世音的变化往往能够超脱时间和空间观念。人们对自然和社会的认识是在一定的空间和时间内进行的，对自然的认识、把握达到何种程度，人类的空间观念和时间观念也一定随之发展到何种程度。民间信仰的观世音具有超越性的特征，恰恰表现在其对生活和自然的距离上，观世音显相完全超越了自然和社会的束缚，或腾云驾雾，或潜行江海，或出入人间而不露本相，或隐其身而莫之见，可以"上穷碧落下黄泉"。在民间信仰者看来，观世音无时不有、无时不现。《普陀

显化女性的观世音，明，版画

山志》记载唐代有"借蛤摄化"的传说:

> 唐文宗嗜蛤蜊,东南沿海,频年入贡,民不胜苦,一日御庖获一巨蛤,力劈不开,扣之乃张,中有观音梵相,帝愕然,命以金饰檀香盒贮焉。

宋代有"蚌壳观音":

> 宋宣和中,泰州兴化尉俞集,挈家舟行赴任。过淮上。舟人日市蚌蛤食之,集见辄买施之江。一日,见一筐蚌,甚重,众欲烹食,集倍价偿之,众坚不可。置釜中,忽大声从釜起,火焰上腾,舟人大恐。启视之,一大蚌裂开,壳间现观音像,旁有竹两竿秀挺如生,相好端严,衣珞及竹叶枝干,皆细珍珠缀成者。①

《狯园》载有"鱼肉观音":

> 闽人何璧,戊申五月客杭城,适金中丞招宴。庖人烹团鱼剖之,见一肉观音,首戴巾披白,衣装饰,眉目衣褶如画,右手下垂,左手中按,足踏芙蓉一朵,座客无不惊惋。②

《省庵禅师遗书》载,观世音可在竹帘上显相:有一个姓顾的善人,家素事旨。丙申六月十九日,因为他信仰观世音,观世音大士显相在他

---

① (宋)洪迈:《夷坚志》,中华书局2006年版。
② (明)钱希言:《狯园》,文物出版社2014年版。

蛤蜊观世音

家的竹帘之上，仪容俨然。人们争相观看，围观的人像一堵墙，久久不返。待观世音的像消失之后，顾善人追慕之，就请能工巧匠把所现出的观世音像画出来，供奉观世音。

蚌壳观世音、鱼肉观世音、竹帘观世音都是观世音在民间的显相，这说明民间所信仰的观世音超越了时空观念，观世音的形象可以在白昼现、黑夜现、山上现、海上现、富贵皇帝中现、穷苦百姓中现，人们想到的地方现、人们想不到的地方现，锯古柏时现、伐木时现……从信仰的角度来看，这种超越时空的想象出于一种幻觉的心理功能，以至于可以说，他们有一种神幻的思维方式，这种思维方式以象征观念、互渗心理感觉、理解、幻想为基础，以愿望的意念造出了观世音的"意象"。这种特殊的"心象"可以激起民间信仰文化圈内人们笃信的力量。

第三章

观世音的本土化

观世音信仰本自印度，它在我国的弘传有几条路径：一是上层统治者的路径，历代上层为了统治的需要或信佛或灭佛，观世音信仰也由此而逐浪；再一路径就是中层文化精英的观世音信仰；还有一条是底层民间大众的观世音信仰。与前两条路径相比较，民间底层的观世音信仰是基石，其往往超越个体信仰的范畴，具有集体创造的特点；往往较少地受上层好恶的影响，具有稳定性；往往在村落文化中传承，具有活态性。观世音信仰在我国落地生根的过程就是其本土化、民间化、世俗化的过程。本章我们仅从民间传说的文本讨论。民间传说是在佛教观世音信仰的基石上产生的，吸收了本土道教、儒教文化的因子，汲取了民众丰富多彩生活的文化因子，因此千姿百态、内涵深刻。

竹林观世音菩萨，张大千描摹敦煌壁画

一、观世音与农耕文化

人们说古老悠久的中华民族是龙的子孙,人们说那蜿蜿蜒蜒的九曲黄河就像一条龙。黄河似龙也罢,龙似黄河也罢,反正中华民族以悠久的著名的农耕文化自立于世。历史学家认为,中国文明不仅是最古老的,也是最独特的,中国向世界文明贡献了具有特色的农业文明。

有了地球才有了人类。据科学家证明,地球的形成约在50亿年之前,而大约40亿年前地球才出现最早的生命,即原生的单细胞生物。在生物持续地从低级向高级的进化中,早在4万年之前,产生了智人。人类从哪里来,到哪里去,一直是自古至今探讨的问题。佛教的"西方三圣"把人从此世过渡到彼世,而人类的产生是各个族群长期思考的问题。女娲创世的神话在我国三十多个民族中传承,是我国拥有创世神话的重要符号。学术界认为,女娲创世神话起源于母系氏族社会。

佛教信仰传入后,在我国湖南一带出现了"观音娘娘造人"的传说。① 大意是:自从盘古开天辟地之后,五谷生长,百草繁茂,就是地上没有人烟,如来佛派观世音造人。观世音在黄河边上捏了九九八十一个小泥人。她计划晒七七四十九天,泥人就会变成活人。造到第四十八天,正当她请如来佛看时,泥人肚脐下面的部位被鸡啄了,就成为男人;没被鸡啄的就是女人。从此男人和女人两人打一对。

---

① 刘锡诚主编,长生编:《观音的传说》,第119页。

这个传说包蕴着三个母题：其一，人是泥造的；其二，人有男性和女性之别；其三，叙述了男女婚姻的来历。众所周知，这与《山海经》记载的著名的女娲抟黄土造人的传说极其相似。其一，女娲和观世音菩萨都是用泥土造人；其二，除造人是她们的功绩之外，她们还都具有婚姻神的神格。观世音事迹的母题一般是"救人"、"助人"，而在这个民间传说中，母题是"造人"。看来这与连篇累牍的佛经所记载的功能有所偏离，但是也说明，中国百姓赋予观世音菩萨更广泛的功能，把观世音纳入创世神话的文化轨迹中，纳入最原初的女神之中，与女娲同位。民间还认为，观世音可以造衣，人们原来没有衣服穿，只用树叶遮盖，后来观世音纺纱织布，还教会人们缝衣服。[①] 在这个传说里，观世音又具备了与历史上的女发明家黄道婆一样的职能。

为什么这两位女神都是抟黄土造人呢？民间传说，给我们传递着古老文化的因子。《抱朴子·释滞》载："女娲地出。"至今广西三江侗族地区还传承着过生日滚泥巴的习俗，小孩在过五岁、十岁和十五岁生日的时候要滚过满是泥浆的土地。民俗学家认为，这是黄土造人的模拟。在黄土高原的周公庙会上，人们祭祀的是姜嫄圣母。有的学者认为，姜嫄的意思就是"江地平原"，为土地母神。黄土造人的神话来自原始的农耕民族在改造自然的过程中对人类自身来源认识的一种创造性思维，体现了早就具备耕作经验和制陶工艺的古老民族的地母情结。这种深深的情结，按照瑞士心理学家荣格的观点，也可以说是一种集体无意识，凝聚在神话思维上就是女娲抟黄土造人的神话。女娲是大地魔力的人格化。中国人的土地观念一开始就与人类的生育观念及生存观念融合在一起。女娲是中国第一位大母神。女娲造人的神话产生在原始社会，步

---

① 刘锡诚主编，长生编：《观音的传说》，第121页。

入文明社会之后，这种深厚的历史积淀移植到观世音身上。人们崇信女娲，也崇信观世音，女娲既然可以抟黄土造人，观世音当然也可以抟黄土造人了。有"观音庙为啥坐南朝北"的传说①，大意是：观世音来到东土大地，看见百鸟齐鸣，宛似仙境，就是没有人类的繁衍，于是向西天老母借人，老母答应借给她人，但若干年后要还给她。观世音许诺她的庙坐南朝北，作为实现诺言的标志，从此人类就降生了。不管是观世音亲自造人还是观世音向西天老母借人，都说明地球诞生人类有一个过程，而观世音具有创世女神的功能。

女娲

诞生人类的地球不仅产生了人类，而且为人类的生存提供了不可或缺的重要资源——土壤、水分、空气、植物、动物。这些都是诞生农耕文化的重要资源，也是人类赖以生存的资源。当然，农耕文化对于自然生态最重要的需求是土地。组成我国农耕文化的千万个村落都有建立土地庙的习俗，他们尊称为"土地公"或者"土地母"，并且定时祭拜。

对于土地的崇拜可以从观世音的传说中找到踪迹。我国有"观音佛和土地公"的传说。②相传土地公所占的地不多，土地公不服气，观世音答应土地公不占他的土地，说着用小指挑起一指甲泥土，海上就升起

---

① 刘锡诚主编，长生编：《观音的传说》，第119页。
② 刘锡诚主编，长生编：《观音的传说》，第189页。

了普陀山,土地公不答应,观世音就化生出千万个观世音,站在千万个山头上,土地公也化生出千万个土地公,观世音能化能收,土地公只能化不能收,因此中国有句谚语:"土地土地,满山都是。"这则传说说明土地是养活人类的资源,也涉猎到观世音与土地的关系。浙江海宁一带流传"观音借地"的传说。① 南海岛小海大,观世音就向龙王借地。观世音向西射了一箭,直射到杭州龙山月轮峰才落下来,龙王不愿意借这么多地,观世音就拿出一件龙袍做抵押。龙王问观世音什么时候还地,观世音回答要待有朝一日黑鱼脊背的鳍和尾巴连牢了的时候。龙王想,土地放在鳌鱼背上,鳌鱼一翻,土地仍旧东归大海。观世音发现了,就化身站在鳌鱼头上,使它永远不能翻身,百姓称之为"出海观音"。龙王回去后一穿龙袍,才发现龙袍是纸做的,大发雷霆,但也无奈,钱塘江的涨潮就是龙王大发脾气呢。

观音娘娘降鳌鱼

浩浩苍天,茫茫大地,人类居住于地,行走于地,采集于地,渔猎于地,在大地上耕作,在大地上收获。大地上有人们赖以生存的山川流水,大地上生长着繁花百草。土地是人类的载体,是人类生存的依赖。何谓"土"? 土,吐也。《白虎通·五行》说:"吐,吐含万物,土之为言吐也。"《说文》段注指出:"土,地之吐

---

① 刘锡诚主编,长生编:《观音的传说》,第122页。

生万物者也。"《管子·水地篇》也说:"地者,万物之本源,诸生之根菀也。"在甲骨文中,"生"写作"业",表示植物生出土之意。我们的祖先在造字的时候,意识到"万物土中出",认识到土地对于人类生命的意义。在我们祖先看来,一切生物都是从大地母亲那里获得孕育生长的力量。那么也自然联想到人类也是从土地中孕育出来的,所以产生了"地母"的观念。在纳西族的《祭天古歌》里这样写道:

> 在蓝天出现下界的时候,大地也一起出现在下界。
> 这地,体态健美丰满。这地,乳房硕大丰实。
> 这地,是翠恒翠祖的地。这地,是江河流贯的地。
> 在这大地的下边,有着黄金的库房。
> 在这大地的上边,有着成群的牛羊。
> 大地的肩上披挂松石,大地的腰间嵌满墨玉。
> 黄金白银铺成大地的卧床,山头在大地上咧开嘴,也能淌出神奇的药汁。[1]

土地是万物之源,万物土中生,土能载万物。在人们的意念里,它是丰产的沃土,是生命的温床。原始人类祭祀土地,给土地以"地母"之称。在《金枝》这部著作中,弗雷泽提到新几内亚和澳大利亚之间一些群岛上的一种仪式,那里的人们把太阳看作男性之源,把大地看作女性之源,并以椰子树叶做的灯代表太阳,挂在神圣的无花果树上。每年一次,在雨季开始时,太阳便降临在这棵树上给大地授精,为了太阳

---

[1] 云南省民间文学集成办公室编:《祭天古歌》,中国民间文艺出版社1988年版,第134页。

下来方便，还特地放了一把梯子，这时男男女女一起纵情交欢。太阳是天神的代表，与大地母亲神秘地结合。其实中国古代早就有这种习俗。《月令》记载："仲春，祠于高禖，天子亲往，后妃率九嫔御，天子所御，带以弓矢，授以弓矢于高禖之前。"这同样是一个催生的母题，也是原始祭农大典中所举行的男女欢会的仪式，以促进土地生殖百谷的力量。人的生命要靠农作物来维持，"媾和—丰殖"已构成华夏民族追求生命之欲的重要母题。它潜伏在华夏民族的集体无意识中，构成浓厚的民族文化的积淀。

上述只是原始先民为祈求土地丰产而举行的仪式。古老悠久的农耕文明的建立最终需要的是人类创造性的劳作。农业是古代世界一个决定性的物质生产部门。我国传统农学主张"夫稼，为之者人也"，《吕氏春秋·审时》说："夫稼，为之者人也，生之者地也，养之者天也。"人是农业生产的关键。但中国传统的农业伦理主张，人在农业生产中并不能任意作为。农业生产要合天时、地脉、物性。人类的行为应该以尊重自然、顺应自然为前提。人的劳作要顺应天时地利，中国人发明并运用的二十四节气就是我国农耕文化顺应天时的结晶。二十四节气已经被联合国教科文组织评为宝贵的世界非物质文化遗产。

人类生存需要农业技术。从刀耕火种到以牛犁地，就是农耕技术进步的铁证。牛耕到底是从什么时候开始的？考古学家李学勤谈到牛耕，认为牛耕的出现应在春秋晚期。《国语·晋语九》是关于牛耕的最早记载。另外，孔子有弟子姓冉，名耕，字子牛；晋国有一大力士，名字就叫牛子耕。①

---

① 见李学勤、徐志军主编：《黄河文化史》，江苏教育出版社2003年版，第579—581页。

观世音与中国的牛耕文化结下了不解之缘。人们流传着"芒神与观音"的传说。[1] 深知民间疾苦的观世音菩萨看见农民耕地胼手胝足十分艰难，就告诉了玉皇大帝。玉帝与观世音菩萨商议，决定派芒神下凡。芒神老实驯良，怕受欺辱。为催促芒神到人间帮助农民，观世音菩萨答应为芒神排忧解难，如果没有做到，观世音甘愿受罚。芒神的原型是一头大水牛，它勤勤恳恳地为人出力，但常因过度劳累而喊叫。观世音怕它打搅天界，就取一条白带挂在水牛颈上，又加之人们还宰杀水牛吃它的肉，水牛有怨无处诉了。观世音为了实现对水牛的誓言，就将发髻割下，变成田螺，又将手指割下，变为泥鳅，终日让水牛践踏而不发怨言。

何谓芒神？《山海经》里就有芒神的形象。他不是一头牛，而是一个鸟身人面乘两龙的形象。《山海经·海外东经》说："东方句芒，乘两龙。"郭璞注释："木神也，方面素服。"[2] 句芒是一位主管春天、主管东方的神，是木神、春神、东方的象征，与牛无甚干系。东汉的迎春礼俗中，有出土牛的习俗。出土牛的习俗是为了迎接春天的到来，因为春天是耕种开始的季节。《周书·周月》说："万物春生夏长，秋收冬藏，天地之正，四时之

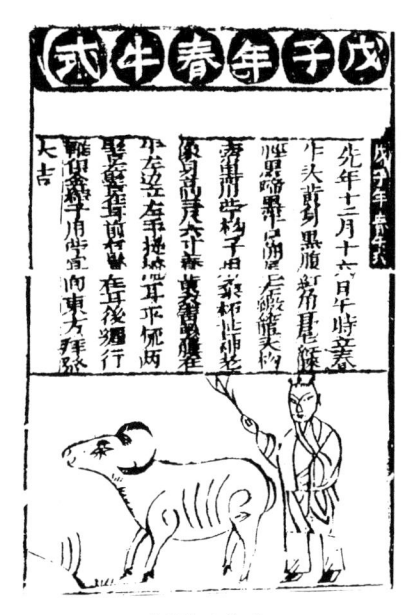

戊子年春牛式

---

[1] 刘锡诚主编，长生编：《观音的传说》，第233页。
[2] 袁珂编：《中国神话资料萃编》，四川社会科学院出版社1985年版，第19—20页。

极,不易之道。"出土牛迎春气,象征春天的开始,农业生产不仅要合天时、地宜,而且要合物性。只有根据各种作物物性的特点,"遂其畅茂条达之性",农业才能丰产丰收。更有意思的是,到了北齐,土牛变为青色,与春天相应,土牛与耕夫犁相配,耕夫为掌犁和赶牛者,土牛在前,耕夫在后,这是一幅耕夫犁田的画面。在民间故事里,把春神芒神与牛神叠合在一起,表明春天耕作之意。牛耕文化在中国存在着深厚的积淀,衍生出来的牛郎织女的故事就是明证。在牛郎织女的故事里,老牛身上的人性表现,与牛郎身上的品质融合为一,牛郎的文化品位是世代劳动人民崇牛爱牛意识的象征。

在这里,应该提到的是观世音菩萨的文化品格,观世音菩萨为了使得人类饱腹,教诲人用牛耕。为了实践承诺,观世音割发髻、割手指而任牛践踏,同样表现其舍己利他的品格。在民间信仰里,观世音的文化品格并没有断裂,反而通过不同的表现方式而愈加鲜明。

回族也流传着与上文所叙述异曲同工的传说。其中"观音洞"的传说也有农业文化表征的意义。[①]一对姓马的年轻夫妻用木犁耕田犁地,效率非常低。观世音用铜锄犁地帮助他们,给他们带来各种各样的植物种子,并把铜锄交给了他们,开导他们要用各种各样的金属工具才能改善生活。马郎按照观世音的指引开采了铜矿,制作了各种各样的铜器,至今回族还有使用铜器的习惯。

战国时期是牛耕技术发生质变飞跃的时代。这一飞跃的主要标志就是铁犁的出现。铁犁与木犁不同,锋利而坚固,既便于深耕、快耕,又很耐用且造价低廉,便于普遍使用。从古文献来看,我国在战国时期冶铁业有了相当发展。不仅有些诸侯国设铁官经营冶铁,民间私营冶铁

---

① 刘锡诚主编,长生编:《观音的传说》,第249页。

业也很发达，而且出现了不少大冶铁家。如《史记·货殖列传》记载："邯郸郭纵，以铁冶成业，与王者埒富。"铁犁牛耕似乎与观世音风马牛不相及，但是在民间传说中记录了观世音菩萨的影像，在民众的意念里，在我国农业文化的轨迹上均有观世音文化的烙印。

农业大国以农与桑而著名。养蚕缫丝之业是中国的特产，古代美丽的丝绸名扬内外。我国通向欧洲的道路被世界公认为丝绸之路。早在汉代，中国的丝绸就传到罗马，当罗马皇帝穿上丝绸衣服的时候，他的大臣们大为惊讶："这来自东方的东西多么神奇，简直是像金子一样珍贵的东西。"谁能知养蚕业也与观世音有联系呢？《夷坚两志》卷15"朱氏蚕异"条说：潮州一个姓朱的人在村子养蚕，在蚕眠时"其一忽变异，体如人，面如佛，其色如金，眉目皆具，朱取置小盒，敬奉于香火堂中"[1]。可以说，蚕茧上出现了观世音，或者说蚕茧变成了观世音，言下之意，观世音又与养蚕及丝绸业有联系了。另外据道宣《集神州三宝感通录》卷下记载，有一被称为"胡师佛"的僧人，为众人说法，夜入茧中，旦从茧出，原来这个胡师佛就是"假形化俗"的观世音。[2] 在这里，人与蚕茧化为一体，而此人为观世音化身。

《搜神记》早就记载了关于蚕神的传说，马皮卷走了一女子，后于大树上，女及马皮俱化为蚕。《周礼·夏官》里有"蚕与马同气"的说法，佛教又有马头观世音一说，中国百姓很自然地把养蚕与观世音联系在一起。中国的传统文化是以男耕女织为框架的，广大劳动妇女是养蚕造丝业的主体，把观世音说成与养蚕业有关，应该是蚕农信仰观世音所致。而观世音的随时显化符合佛经的阐释，体现其"普摄众生"的情怀。

---

[1] （宋）洪迈：《夷坚两志》卷15，中华书局1981年版。
[2] 参见孙昌武：《中国文学中的维摩与观音》，高等教育出版社1996年版，第295页。

马头观世音

二、观世音信仰与道教的互相吸纳

道教是中国的本土宗教,是孕育中国传统文化的土壤。由于佛教观世音信仰的影响以及观世音信仰的民间化,道教吸收了观世音,也改变了观世音。

> (妙)善坐普陀岩,九载功成,割手目以救父病,持壶甘露,以生万民。左善才为之普照,右龙女为之广德。感一家骨肉为之修行,普升天界。玉帝见其福利遍大千,神应通三界,遂从老君妙乐之奏,封为大慈大悲、救苦救难、南无灵感观世音菩萨,赐莲花宝座,为南海普陀岩之主。①

以上既有玉帝、太上老君出现,又有善财、龙女的显相。自明代以来,南海普陀是观世音菩萨在中国的道场,同时也被道教所认可。前面所说,中国民间观世音的起源与妙善公主有关,佛经里面不见记载。上述《三教源流搜神大全》认可了观世音即妙善公主割自己的手和眼救治父亲的事迹。被道教吸纳的观世音菩萨被列入"女真"的行列,称为"慈航大士"。明刻本的《三教源流搜神大全》承继了妙善割手眼救父的情节,称妙善为"仙姑",不仅他者称其为"仙",她也

---

① 《三教源流搜神大全》(下册),卷4,河北省道教协会翻印本,第11页。

似神仙的观世音

自称为"仙人",当其父母到香山仙人庵(注意妙善的住所不称尼姑庵,而称仙人庵)来拜谢的时候:"瞻睹仙人,无有手眼,悉生哀念,以仙人之身不完全,由(王)所致。"① 值得思考的是,妙善公主自称和他称都有"仙"字。这里的"仙"与"神"是有区别的。人要经过修行才能成为仙。所以在《太平广记》里,"仙"与"神"被严格地区别开来。

渴求成仙是神仙思想产生发展的根本动力。人们基于时间观念所产生的死亡恐惧感和基于空间观念所产生的尘世束缚感催生了神仙思想。《说文》:"仙,人在山上,从人从山。"《释名·释长幼》说:"老而不死曰仙,仙,迁也,迁如山也,故其制字,人旁做山也。"这是一种无拘无束地在寰宇中自由翱翔的境界:

> 个人好像进入了另一个清澄浩渺、虚寂无涯的宇空之中,尽性遨游,任意驰骋,忽而如白云飘逸,忽而如鲲鹏奋飞,无拘无束,无牵无碍,悠悠哉,愉愉哉,精神感到莫大的自由,莫大的愉快。②

这种欢愉既超脱了死亡的恐惧,也超脱了现实的束缚;既是超现实时空的,也是超心理时空的。神仙思想是消灭生命的毁灭感和不自由感而获得永恒与自由的一种不同于宗教式的世俗的独特的解脱方式,它的核心就是超越生死和快乐自由。③ 而观世音菩萨要到世俗社会借用世俗手段化度众生,要把众生引导到以实现绝对超越的涅槃为目的。"涅槃"

---

① 于君方:《观音——菩萨中国化的演变》,商务印书馆 2012 年版,第 497 页。
② 刘笑敢:《庄子哲学及其演变》,中国社会科学出版社 1987 年版,第 155 页。
③ 梅新林:《仙话——神人之间的魔幻世界》,生活·读书·新知三联书店 1995 年版,第 18 页。

就是息灭生死烦恼而获得彻底解脱的境界，按照中国佛教的一般特征，它并不是"断灭空"，真正的涅槃境界不必出离世间，只是获得心灵的彻底解脱，实现无限和永恒。这样的状态与道家的神仙思想达到了某种一致。对于人生的痛苦来说，道家追求的是一种光明的境界，佛教的境界也有"光明寂照"之说。

碧霞元君原为道教的女仙，在民间传说中为泰山奶奶，为泰山女神，后被道教的万神殿吸纳。在民间寺庙里，民众往往把观世音与碧霞元君并列在一起。碧霞元君的功能也与观世音相似。明代编修的《道藏》中，收录了一部《碧霞元君护庇民普济保生妙经》，其中写道：

> 是时元君已证太一青玄之位，观见众受此沉沦，慈悲不已，为化女流普渡群生，于四月十八日分真化气，现是慈颜，陟降泰山……受命玉帝，证位天仙，统摄岳府神兵，照察人间善恶，罪福照报，感应速彰。

可见碧霞元君也具有与观世音同样的功能，即"慈悲不已"、"普渡群生"。北京妙峰山顶天仙圣母碧霞元君庙内塑有碧霞元君像，其面庞丰腴，慈眉善目，注视人间，与观世音的塑像何其相似。道藏经文《天仙碧霞宝诰》中说："膺九气而垂慈示相，冠百灵而智慧圆融，行满十方，功周忆劫……寻声赴感，护国安民……"这与民间流传的观世音经文简直如出一辙。

在民间，则广泛流传着碧霞元君救世济民的传说。"泰山奶奶游徂徕山"、"白氏郎的故事"、"泰山奶奶显灵"都是说碧霞元君保护人民风调雨顺，五谷丰登，尽除邪恶，替人申冤而不求报答。在"三笑石"

的传说①中，碧霞元君可以化成农家老妇救农家少女，并且发笑三声，能让石头抖三抖。可见碧霞元君与观世音何其相似，她不仅和观世音一样可以救民于水火，解民于倒悬，而且和观世音一样，可以变为一老妇，亦可以变为一抹彩霞。从神界入俗界，又从俗界入神界，出神入化，神力无比。这表现出民间信仰的发散性特征。

道教吸收了民间传说的八仙，在北京著名的道观白云观就供奉八仙。神通广大的吕洞宾，倒骑毛驴的张果老，擅长仙术的何仙姑，手持花篮的韩湘子，等等，在各种器物上出现，给人以深刻的印象。关于八仙，有上八洞神仙、中八洞神仙、下八洞神仙之说。关于上八仙有三种不同的说法，其中一种说法里就有观世音。观世音为什么会列在八仙里呢？

碧霞元君

---

① 中国民间文艺研究会山东分会编：《泰山传说故事》，中国民间文艺出版社1981年版。

众所周知,观世音是以普救众生为己任的。她行云布雨,解救旱荒;她行医治病,解疾止痛;她自危难之时出现,解百姓于倒悬。济世救人成为观世音传说的主旋律。中国的仙话里也有济世的母题。刘向《列仙传·负局先生》讲述发生大瘟疫时,有一个叫负局先生的人把治病的药送给了千家万户,存活者数以千计,他不要人家一分钱。后来人们知道他是真人,住在蓬莱山。他说:"吾还蓬莱山,为汝曹下神水崖头。"当汩汩的活水从山崖石间流出来的时候,人们服用这样的水,疾病痊愈。《历代神仙通鉴》卷5载:

> 普陀洛伽岩潮音洞中有一女真,相传商王时修道于此,已得神通三昧,发愿欲普渡世间男女,尝以丹药及甘露水济人,南海人称之曰慈航大士。①

仙话是神仙思想的折射,神仙思想产生于原始巫术。原始社会巫医不分,巫医一家。在战国末期,产生了神仙方士这个特殊的社会团体,以养生长寿、长生不死作为人生的终极目标。《庄子·逍遥游》说:"乘天地之正,而御六气之辨,以游无穷。"

神仙思想的产生,实质上是我国古代先哲在生命悲剧意识觉醒以后,为消除生命毁灭感与不自由感而获得永恒与自由的一种独特的解脱方式,因为神仙思想的核心内容就是超越生死与快乐自由。②

至东汉末年,被道教吸收的神仙方术往往以为民治病消灾为核心,以下等平民为对象。随着仙话的发展,其济世治病的主题更加鲜明。吕

---

① (明)徐道:《历代神仙通鉴》,乾隆间致和堂刻本,转引自贝逸文:《论普陀山南海观音之形成》,《浙江海洋学院学报(人文科学版)》2003年第3期,第26—31页。

② 梅新林:《仙话——神人之间的魔幻世界》,第18页。

八仙

洞宾以祖传药方给人治病；铁拐李的大葫芦里装的是灵丹妙药；三茅真君常常制造丸散膏丹治病救人，并且分文不取；保生大帝治病如神，尤以精治妇女乳疾闻名。更毋庸说神话中的九天玄女、西王母，早就列入了神仙行列，成为人间妇婴的保护神了。这在实践行为上与观世音具有的无缘之慈、同体大悲有某种契合。

在本节的第一段引文中，玉皇大帝封观世音为"大慈大悲、救苦救难、南无灵感观世音菩萨，赐莲花宝座，为南海普陀岩之主"。这与佛教经典里的记载大相径庭。在道教里，玉皇大帝又称"太上开天执符御历含真体道昊天玉皇上帝"，也称"昊天金阙无上至尊自然妙有弥罗至真玉皇上帝"。玉皇大帝居于天界，在道教传说中是天地的主宰，具有极高的地位，是道教的基本信仰和最高信仰"道"的神化，被认为是道的本体。在道教中，玉皇大帝的地位仅次于三清①之下。观世音菩萨是玉皇大帝册封的，一方面说明观世音已经被道教吸纳，另一方面说明观世音菩萨的地位低于玉皇大帝。很多民间传说都出现玉皇大帝与观世音的形象。她是玉皇大帝的合作者，是玉皇大帝命令的执行人，而玉皇大帝往往是生杀予夺的裁判者。

道教科仪是道教教理、教义的重要组成部分，属于在信仰理论指导下的实践行为。道教科仪中，观世音的科仪属于神仙诞辰类，其中的小赞诵念：

> 观音大士，昔号圆通，十二大愿誓宏深，苦海渡迷津，寻声救苦，无刹不现身。……真人圣驾降来临，众生增福延生。②

---

① 三清指元始天尊、灵宝天尊和道德天尊，为道教的至上神。
② 彭理福：《道教科范——全真派斋醮科仪纵览》，宗教文化出版社2011年版，第136页。

在这里，除了寻声救苦外，加上了祈求增福延生的祈祷，道教文化世俗性、本土性的特征在观世音信仰中得到充分体现。

符咒是道教的习俗。符印起源于民间信仰。战国时期，由于阴阳五行的发展，天人感应的思维进一步得到人们的认可。符应就是天的垂象与人的感应。后来道教吸收了民间信仰，把画符念咒吸收到其体系中。在敦煌文献伯三八七四《观世音及世尊符印十二通及神咒》中记录的观世音的符印和符咒的功能是：（1）解救入地狱之门的人，"振阿鼻地狱，人皆得解脱"；（2）可以使得妇女生子，"世尊，此印若有女人求男，女常佛前……"；（3）给众生以安乐，"今是故出无量无边陀罗及法门，今焉一切众生今将安乐，故我为说陀罗尼，别行法印"；（4）静心禅坐，化度成佛，"尔时现观世音菩萨甚大欢喜……行入山洁净有处，结跏趺坐，以印心上，便入定八丈……化度众生"。①

符印要佩戴在身上或者吞食。道教极力夸大符印的作用。"若带一日，万罪消灭。若带二日，万病消除。若带三日，功利无比。若带四日，神通自在。若带五日，腾空游戏。若带六日，三千大世界，所有微尘，皆悉知数。若带七日，当得解脱。"② 我们之

波头摩印

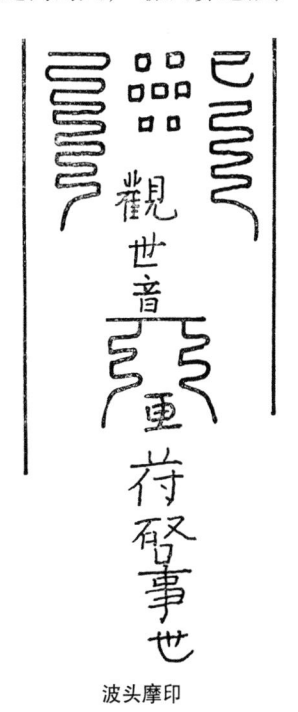

---

① 高国藩：《中国民俗探微——敦煌古俗与民俗流变》，河海大学出版社1989年版，第143—147页。

② 高国藩：《中国民俗探微——敦煌古俗与民俗流变》，第155页。

所以感到匪夷所思、诡谲神奇，是因为我们还没有产生信仰。斯皮罗认为，人类的心理并非是一个空箱子或者黑盒子。一旦一种文化命题被社会行为者当作一种个人信仰来获得，那么他的获得就是一种心理事件，这种"事件"需要一种心理学的解释。① 我们说人的生存是一种文化的生存，观世音符这种特殊的象征符号就是信仰者的文化的生存。

民众对观世音符的运用说明观世音信仰对于道教文化的吸收，也说明道教文化对于观世音信仰的容纳。人们希望通过画符念咒来避灾求福，化解自然环境或者社会环境带来的不幸。

---

① 孟慧英：《西方民俗学史》，中国社会科学出版社2006年版，第318页。

三、观世音在人间

观世音的地位是佛教中的菩萨,观世音在佛教里修的是大悲行门。《华严经·入法界品》中观世音对善财童子讲述:

> 善男子,我已成就菩萨大悲行解脱门。善男子,我以此菩萨大悲行门,平等教化一切众生,相续不断。善男子,我住此大悲行门,常在一切诸如来所,普现一切众生之前。①

佛教认为,观世音是菩萨,她在佛界而不在人间,所以与世俗之人不同;观世音修大悲行门,以普度世人为担当,在世俗可以有各种显化,但是始终不属于俗界。在佛教的造像中,观世音处于崇高的地位,她时时刻刻都以慈眉善目关注人间。

但是在民间,关于观世音显化的事迹比比皆是。"观世音的大悲行门是绝对平等地教化一切众生,也必然是普现一切众生之前。"② 在她普现的时候,可以跨越时代、跨越阶层、跨越贫富、跨越血缘,随时化现。在常人的生活中,时间和空间是体验的,但是观世音是佛界的菩萨,她具有超验的神力。民间观世音的传说到底有多少,我们无从统

---

① 《华严经》卷68《入法界品》,《大正藏》第10册,第367页。
② 李利安:《观音信仰的渊源与传播》,第417页。

计,但是只要踏上中国的土地,就有观世音的传说,只要有中国人生活的地方,就有观世音的传说。就内容来说,观世音的民俗传说大致可以分为:1.观世音菩萨起源于中国的传说、千手千眼观世音菩萨来源的传说以及其为何为女性的传说;2.观世音与其他佛教的神祇、道教的神祇及民间神祇关系的传说;3.祖国各地的观世音庙、观世音祠、观世音洞、观世音泉、观世音岩、观世音像起源的传说;4.不同观世音的起源、服饰、手势、面相以及各种观世音像的传说;5.观世音给人类带来种种福祉的圣迹;6.观世音制服恶势力、为民伸张正义的灵验传说;7.观世音与历史上著名人物关系的传说;8.观世音个人生活品质事迹的传说;9.各地观世音道场的起源的记载。民众流传的观世音传说是观世音民俗文化的重要组成部分,这些传说是无数老百姓在鲜活的生活中创造、传承的,其具有如下特征。

第一,崇信观世音的慈悲观念。中国百姓接受观世音,源于佛教观世音的文化品格。明代谢肇淛在《五杂俎》中说:"佛氏之教一味空寂而已,惟观音大士慈悲众生,百方度世,亦犹孔子之于孟子也。"① 佛经中关于观世音的论述是民间观世音产生的本源。观世音慈悲众生、百方度世的文化品格为民众所喜爱和崇敬。民间流传"观音伏蛇精"、"观音镇蟒洞"、"观音治鳖鱼"、"观音收罗刹"等传说,蛇精、罗刹既是自然灾害的表现,也是社会恶势力的象征,观世音承担救助的责任,用自己的智慧征服了自然灾害之难和社会的罹难。民众对观世音神力的信服来源于信仰。民间的观世音信仰是沿着人们的生活脉络而编织的,它扎根于生活的经验与经历、希冀与绝望、道德与善良,以及乡土之中的民俗性的世界观。信仰催生了观世音传说的产生和传承,由于民间信仰的

---

① (明)谢肇淛:《五杂俎》,上海书店出版社 2009 年版。

支撑，民间叙事具有社会属性——即意识形态属性；而传说的流传又促进了信仰的持久和诚信。观世音传说与观世音信仰构成了互相诠释、互相构建的关系。

第二，观世音信仰的在地化与民间化。我国地域辽阔，不同地域的观世音传说具有浓厚的地域色彩。众所周知，位于舟山群岛东部海域的普陀山是我国著名的观世音道场，其于858年最早建立寺庙，现有普济寺、法雨寺、盘陀庵、灵石庵等寺庙和潮音洞、梵音洞等名胜。普陀山

观世音在人间

四面环海，风光旖旎，幽幻独特，被誉为"第一人间清净地"。山石林木、寺塔崖刻、梵音涛声，充满佛国神秘色彩。而民间流传的"普陀山上的观音"传说提及，普陀紫竹林的观世音庙的香火最旺盛，原来是观世音收服了蛇王，并且把蛇王压在一块写着"心"字的石头下面，这块石头至今犹在。① 这则传说与历朝大量珍贵的诗文碑刻相呼应，为普陀的山海风光的观世音文化增加了历史的维度和神秘的色彩。

观世音的传说与当地特有的山水、土地以及特有的生态环境相联系，不同地域的观世音传说折射出特有的风土人情和人文色彩，具有浓厚的乡土根性。这些传说注入了民众的情感和愿望。

众所周知，巍峨的泰山，有立石敢当的习俗。所谓"泰山有大石自起立"。泰山一带的民宅也有立石敢当的习俗，百姓谓之可以镇宅。立石敢当的习俗源远流长，源于民众远古时期的石崇拜。如莆田出土的唐大历五年石铭云："石敢当，镇百鬼，厌灾殃。"汉代有"师猛虎，石敢当。所不侵，龙未央"的记载。汪宗衍先生《石敢当》一文谓："《淮南·万毕术》云'丸石于宅四隅，则鬼无能殃也'，庚信《小园赋》'镇宅以埋石'。吴兆宜注《荆楚岁时记》：'十二月暮日掘宅角，各埋一大石，为镇宅。'"② 立石敢当的意义是驱邪求吉。泰山石敢当有多种传说。按理说，此与观世音信仰毫无联系。但是在民间信仰观世音的历程中，石敢当的来源与观世音有关。

传说孔子的后代孔生的弟子两人见海涛阵阵，雅兴上来，对对子助兴。上联是"潮涨沙滩千层浪"，下联是"水溅滩石万点润"。老人石敢伯说："你俩怎知千层、万点，不多也不少？"孔生的弟子哑口无

---

① 参见刘锡诚主编，长生编：《观音的传说》，第 127 页。
② 汪宗衍：《石敢当》，《民俗》1929 年第 78 期，第 74—75 页。

言。石敢伯又揭发了观世音。原来为修洛阳桥，观世音化成美女站在船头，让百姓抛银两。石敢伯认为她哄骗了百姓。观世音无言以对。观世音在玉帝前告了石敢伯一状，玉帝不分青红皂白，给石敢伯一个"泰山石敢当"的封号，让他去镇妖魔鬼怪。①

観世音经，明，连环画

这个传说从一个新的角度探索了"泰山石敢当"的起源，这个起源与观世音联系在一起，在此戏谑了儒道释的愚钝，而张扬了劳动者的智慧。既有儒道释的代表人物的出现，又有地方民俗文化的体现，阐释了"泰山石敢当"的合理性和真实性。

第三，观世音信仰的世俗化与生活化。观世音属于佛界，观世音传说能够在一个地域流传，固然与文人的收集记载有关，但是其能够无翅而飞，不胫而走，世世代代口口相传，不仅与特有的民俗风情水乳交融地密切联系在一起，而且与这块土地这方人的生活联系在一起。观世音蕴含的民间信仰的崇拜色彩是从她直接参与民众的生活实践折射出来的。观世音给光秃秃的大地带来了草籽，观世音还会造衣服，这类观世音传说成为民众生活的一部分，不仅与历史上曾经的生活密切相连，而且与生活中不断的变化相连。生活在世俗世界的民众认为观世音就生活

---

① 刘锡诚主编，长生编：《观音的传说》，第170页。

在他们之中。

传说本身就是民众的话语，是民众信仰和智慧的结晶。观世音的传说在民间社会有很大的渗透性，还在于这些民间传说与我国丰富的历史人物粘连在一起。观世音为了惩罚恃才傲物的苏东坡，化身为寡妇让他对对子，否则就不能投宿。苏东坡不屑一顾。寡妇说："寂寞守寒窗，寡宿宁容寄客寓。"原来这十二个字全是宝盖头，他绞尽脑汁，冥思苦想，在外面伫立一夜，终不复对。

观世音可以进入神界，与佛教的各界、道教的神祇、民间的各色神祇对话；观世音可以穿越历史，与儒学的鼻祖孔子的学生辩论，与旷世的大文学家苏东坡对对子，与著名的清官海瑞对阵。但凡历史上的著名人物，都可能在观世音传说中出现。观世音还可以与各种妖魔鬼怪、各种动物打交道。观世音传说在神界、人界、鬼怪界发挥其神力，这是神圣与世俗的统一。

观世音菩萨可从因地和果地两个方面来看，观世音示现为因地时，呈现出愿行并举、福慧双修、戒定坚持、自他两利、内外同学等修行特点；观世音在果地时，呈现出慈悲与智慧的统一，观性与观世音（亦及观相）的统一，世俗与人世的统一，神圣与世俗的统一，威严与慈祥的统一，等等。①

正统的佛教经典讲述的是观世音的来源、在佛教中的地位、观世音修行法门、观世音的示现等。应该承认，民间传说的观世音在地域化、生活化的同时，还伴随着世俗化。所谓世俗化就是观世音从神圣的殿堂上走下来，似一个鲜活的有血有肉有情感的人，为民众中的一员。在本书的不少章节里，我们引用的历代文人笔记都在阐释观世音普度众生的

---

① 参见李利安：《试论观音所证的法门》，台湾《普门》1997年7月号。

发挥神力的观世音

事迹。伴随民众生活而产生的观世音民间传说把观世音人格化，在生活中阐释观世音。中国百姓中流传着"气煞观音"的传说：

> 传说海瑞是清官，观音要王灵官监督海瑞。王灵官跟了海瑞整整三年，海瑞没有半分过错，就是赴乡私访，喝口凉茶也付给一二文钱，有一次放赈粮回县，正值六月三伏，他的随从海安抱来了一个西瓜，他们打开就吃。王灵官正欲提鞭抽打时，只见瓜钱放在西瓜壳内，本该给四文，海瑞给了八文，那四文是因为摘瓜没有得到瓜主的同意的罚金。王灵官如实禀报了，观音的嘴气得发青了。①

这个传说中的观世音与她常表现出的大慈大悲、救苦救难的品格不同，这里人是主角，菩萨是配角，体现了海瑞廉洁的人品和观世音的审判功能。

民间传说的八仙之中，吕洞宾和铁拐李都是以风流出名的。观世音深知如此，就变成一个美貌妖娆的女子挑逗铁拐李，随后一时又不见了。眨眼间，天兵天将把铁拐李抓到天庭，让他受到玉皇大帝的处罚。从此铁拐李走路都是一跛一跛的，而且他蓬头垢面，再也不装扮自己了。②这则传说，世俗化的色彩非常浓厚，本出自佛教的观世音与道教联系在一起，充满了人间色彩，也充满了道德伦理色彩。

中国百姓喜爱观世音，他们除了在庙堂上祭祀观世音、诵念观世音经典之外，在田间地头、茶余饭后还编织了民间观世音的传说。他们不受束缚，不受羁绊，不管是佛教的神还是道教的仙，不管是哪个历史人

---

① 参见刘锡诚主编，长生编：《观音的传说》，第213页。
② 参见刘锡诚主编，长生编：《观音的传说》，第191页。

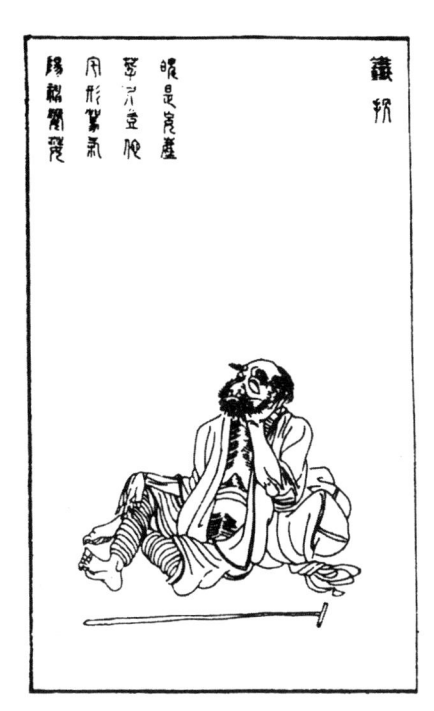

吕洞宾　　　　　　　　　　铁拐李

物、哪位文学家，他们都要重新审度、改造、发挥，这种发挥具有任意色彩，但又与人民的愿望紧密相连。民间信仰是正统宗教之外的一种形态，这种形态是观世音信仰中国化的一个层面，往往是民众的生活观、价值观、道德观的折射。民间观世音的传说有自己的文化心理和文化逻辑，同时以此建构着社会的秩序和民众的精神家园。

南海观世音菩萨像,明,吴彬绘

第四章
观世音是女菩萨

在中国民间,观世音是一位美丽善良、救苦扶难的女菩萨。山西平顺大云院保存的五代壁画上的观世音眼大眉修、鼻直唇薄,身着圆领阔衣,胸前有花饰,最引人注目的是其头部,头梳高髻,上插凤钗,周围以花朵装饰,分明是一位女菩萨。在民间,人们称观世音为"观音娘娘"、"观音圣母"、"观音妈"。但是我们也能看到一些男性观世音造像:敦煌莫高窟第276窟隋代壁画上的观世音方脸阔鼻,下有髭须;《华严经》说观世音是个"勇猛丈夫";《悲华经》说他是转轮圣王的王子;《观世音得大势至授记经》说他是威德王之子。人们不禁要问,观世音菩萨究竟是男还是女?

四大何重一葉何
輕飄然而遊蓮葉
可乘輕重易生為
起心故大士無心
從容安步

站在莲叶上的女性观世音，明，版画

一、妙善公主

在印度的观世音中国化和本土化的过程中，中国民众对于观世音的起源有自己的创造，那就是著名的妙善公主的传说。学术界认为，在研究佛教信仰中国化的时候，民间观世音信仰占有重要的地位，而观世音信仰中国化的关键是妙善公主传说的产生。妙善公主传说的产生是中国的观世音信仰建立的标识。

在宋元之前，中国广大的民间流传着妙善公主的传说。人们认为观世音就是妙善公主。其大意是：妙庄王（另有一版本说楚庄王）有三个女儿，小女儿妙善与佛法结缘，但是遭到父亲的反对及迫害。在父亲重病时，她献出了自己的手眼救了父亲。最后她长出千手千眼，救助所有受苦受难的人。南宋朱弁《曲洧旧闻》云：

> 蒋颖叔守汝日，用香山僧怀昼之请，请唐律师弟子义常所书天神言大悲之事，润色为传。载过去国庄王，不知是何国，王有三女，最幼者名妙善，施手眼救父疾。其论甚伟，然与《楞严》及《大悲观音》等经颇相失。《华严》云：善度城居士瑟睇罗颂大悲为勇猛丈夫，而天神言妙善化身千手眼以示父母，旋即如故。而今香山乃是大悲成道之地，则是生王宫，以女子身显化。[①]

---

① （宋）朱弁：《曲洧旧闻》卷6，《唐宋史料笔记丛刊·师友资记·曲洧旧闻》，中华书局2002年版。

以上文字追溯了这段历史。北宋元符三年（1100）蒋之奇在河南汝州（今河南省平顶山市宝丰县闹店镇大张庄村南）香山寺命人把民间传播已久的《香山传》刻于碑上，名曰《香山大悲菩萨传》，详细记载了中国观世音菩萨的来历：

> 山之东北乃往，过去有国王名庄王，有夫人名宝德。王心信邪，不重三宝。王无太子，惟有三女，大者妙颜，次者妙音，小者妙善。三女之中，二女已嫁，惟第三女妙善，资禀绝异。方娠之夕，夫人梦吞明月。及诞之夕，大地震动，异香满室，光照内外。国人骇异，谓宫中有火，是夕降生，不洗而净，梵相端严，五色祥云，覆盖其上。国人皆曰："我国殆有圣人出世乎？"父王奇之，名曰妙善。

碑文记叙了妙善舍身救父之事：

> 明日，王与夫人、二女、宫族，严驾出城，来入香山。至仙人庵所，广陈妙供。王焚香致谢，曰："朕婴此恶疾，非仙人手眼难以痊除。故朕今日亲携骨肉，来诣山中，供谢仙人。"王与夫人、宫嫔皆前瞻，睹仙人无有手眼，深生哀念。以仙人身不完具，由王所致。夫人审问瞻相，谓王曰："观仙人形相，颇类我女。"言讫，不觉哽噎涕泪悲泣。仙人忽言曰："阿母夫人，勿忆妙善，我身是也。父王恶疾，儿奉手眼，上报王恩。"王与夫人闻是语，已抱持大哭，哀恸天地。曰："朕之无道，乃令我女手眼不全，受兹痛楚！朕将以舌，舐儿两眼，续儿两手。愿天地神灵，令儿枯眼重生，断臂复完！"王发愿已，口未至眼，忽失妙善所在。尔时，天

地震动,光明照耀,祥云周覆,天鼓发响。乃见千手千眼大悲观音,身相端严,光明晃耀,巍巍堂堂,如星中月。王与夫人、宫嫔,睹菩萨形相,举身自扑,抚膺号恸,扬声忏悔:"弟子肉眼不识圣人,恶业障心,愿垂救护,以免前愆!弟子从今已往,回向三宝,重兴佛利。愿菩萨慈悲,还复本体,令我供养!"须臾,仙人复还本身,手眼完具,趺坐合掌,俨然而化,如入禅定。①

在这里我们注意到这样一个问题:1100年诞生的《香山大悲菩萨传》碑文记载的传说,是北宋翰林学士蒋之奇在河南汝州香山寺听一个叫怀昼的人讲的,而怀昼是从长安僧人道宣的经卷上看到的,道宣看到的是他的名叫义常的弟子记载的,经过了义常—道宣—怀昼—蒋之奇四人的传递,其间已经有三百年。在未有碑文之前,我们推论妙善公主的故事至少在唐代就产生并且流传,或者也有可能更早。

宋代祖琇在《隆兴佛教编年通论》卷13载有唐高僧道宣与天神的对话,感应妙善证道于香山之缘事。"宣又问:'菩萨处处化身,应独在香山耶?'神曰:'今震旦(中国)境内,惟香山最殊胜。山在嵩岳之南二百里,今汝州香山是也。'""观世音即妙善公主"的传说,本缘起于中国民间观世音信仰,经过以上的对话,有了具体的地点,妙善公主修道的地点就是河南汝州香山寺。传说因此增加了真实性。学术界认为,1100年蒋之奇所作的《香山大悲菩萨传》是后来所有作品的源头。后来多种版本的《香山宝卷》及民间流传的各种妙善公主的传说可能都

---

① 《香山大悲菩萨传》是宋碑所载、唐代道宣律师揭示传世、蒋之奇润色、蔡京书丹的一篇关于"观音本生故事"传说的经典文本。这是世界上现存最早的"观音本生故事"即妙善传说的文本。参见于君方:《观音——菩萨中国化的演变》,第495—497页。

以刀截鼠於鼠何
傷外道壞法祇以
自殘嗟大獅王威
而不怒不大勇猛
為佛禦侮

骑犼的女性观世音，明，版画

与现存于河南汝州香山寺的碑文有关。

据英国学者杜德桥研究,《妙法莲华经》与妙善传说所触及的主题非常相似。简言之,《妙法莲华经》中"妙庄严王本事"这一品为妙善传说提供了宗教主题、部分人物,以及故事的高潮与终结之形式。至于终结时焚法身、收舍利与建塔诸细节,亦可从《妙法莲华经》第二十三品中找到类似的模式。《妙法莲华经》是记载观世音信仰的主要经典。对此当代学者周秋良进行了阐释。他认为,一方面妙善故事中的许多细节都可以从《妙法莲华经》中找到相似的内容,另一方面妙善公主的故事派生出戏曲中的故事、俗文学中的故事及千姿百态的民间故事,其成为民俗佛教的重要组成部分。其讲述的是中国的妙善公主的故事。[1]

关于"妙善"的来源,杜德桥认为:故事作者从《妙法莲华经》借用"妙音",且从其他文献取用"妙颜"、"妙善"等名字,借此法组成一个"中国式"的"妙"氏家族(虽然运用了杜撰的文字学);作者又让故事中的菩萨牺牲自己的双手双眼,使得她最后能够化身为香山著名的大悲观世音像。[2] 但是,其中国文化因子的存在是不可否认的事实。

第一,观世音的女性身份已经确认。在佛经里,她有喜怒哀乐,有悲天悯人的情怀,成为庄王的公主(一说为妙庄王,一说为楚庄王,尚需考证)。她诞生于凡间,食人间烟火,有父母姐妹亲族,观世音的身份已经完全脱离了婆罗门教有关双马童神的记载,也脱离了阿弥陀佛之子的名分,成为中国的妙善公主。

第二,突出了妙善的乐于救助的文化品格,并且融入了儒家"百

---

[1] 周秋良:《观音故事与观音信仰研究——以俗文学为中心》,广东高等教育出版社2009年版。

[2] 〔英〕杜德桥:《妙善传说:观音菩萨缘起考》,李文彬等译,台北巨流图书公司1990年版,第95页。

德孝为先"的轨迹。妙善的父亲病入膏肓,妙善公主献出自己的手与眼,其父病愈,才知治好自己病的恰是自己的女儿,当看到无手无眼的女儿时,他悲痛欲绝,这时妙善显化千手千眼圣相。这一情结把佛教中观世音大慈大悲的文化精神与中国儒家传统的孝道天衣无缝地联系在一起了。

儒家把孝视为做人的根本。民间广泛流传着"二十四孝"的传说并时有"二十四孝"的践行发生。中国传统文化的十三经里包括《孝经》,在中国人看来,遵循孝道不仅是一个家庭的伦理观念,更为重要的是它关系到国泰民安,可以使得"天下和平,灾害不生,祸乱不作"。这样的思想被吸纳到佛经中。佛教的《佛说父母恩难报经》讲述:"父母与子,有大增益,乳哺长养,随时将育,四大得成,右肩负父,左肩负母,继历千年,正使便利背上,然无有怨心于父母,此子犹不足报父母恩,若父母无信教令信,获安稳处。"①佛经不仅宣传应该报父母的大恩大德,而且指出劝说父母信佛是尽最大的孝道。妙善公主救父这一情节既符合中国的传统道德,又符合观世音所特有的慈悲为怀的品质。

第三,确认了中国的千手千眼观世音的起源。在观世音信仰中,人们最为崇拜、敬仰的是千手千眼观世音。关于千手千眼观世音的佛经就是著名的《大悲咒》,即《千手千眼观世音菩萨大悲心陀罗尼经》。此经由智通和伽梵达摩传译,后又有金刚智等译本。经中说只要诵《千手千眼观世音菩萨大悲心陀罗尼经》就可以灭除百千万亿劫生死重罪,临终会有十万佛来迎接,往生佛国净土,得十五种善生,不受十五种恶死。千手千眼观世音信仰属于佛教的另一教派密教的范畴。中国的千手千眼观世音起源于一个凡间女子,她舍去了自己的手眼,又塑造出可以

---

① 《佛说父母恩难报经》,收入《大正藏》经集部。

圣观世音菩萨坐像，宋，绘画，孙秉山临绘

救助他人的千个手臂、千只眼睛。在中国的民众看来，这个中国化的千手千眼观世音更具有无比的情感力量和救助能力。而千手千眼观世音正是妙善公主的化身。

观世音女性化的记载除了现存的河南香山寺《香山大悲菩萨传》碑文外，在《香山宝卷》中所述更详。宝卷是由变文直接发展而来的一种佛教通俗文学，相传北宋天竺普明禅师编集的《香山宝卷》刊载的就是妙音即观世音的故事。关于《香山宝卷》出现的年代，学术界争论很大。郑振铎先生认为，"宝卷"二字的出现以《销释真空宝卷》和《目连宝卷》为最早，但是他又说："相传最早的《香山宝卷》，为宋普明禅师所作。普明于宋崇宁二年（1103）八月十五日，在武林（今杭州）上天竺受神之示而写出此卷，这当然是神话，但宝卷之于那时出现于世，实非不可能。"按照先生的意思，宝卷出现的时间应比上述晚些。对《香山宝卷》出现的时间我们暂且不论，其内容为在碑文的基础上扩展的是毫无疑问的，《香山宝卷》的出现和传播进一步确认了女性观世音的形象。其梗概为：

> 迦叶时，须弥山西有一世界。妙庄王季女妙善抗婚之后，入寺为尼，在厨下充当苦役，灶君惶惧，上奏天帝，于是派众神代劳。王怒其不归，派兵焚寺，妙善施法，天降血雨，王益怒，命兵役将妙善押至法场凌迟示众，尔时佛放毫光，刀断剑折，遂以弓弦绞勒致死，被猛虎拖入松林。妙善至阴间，受到阎罗礼遇，遍游地狱，超度亿万鬼囚。阎罗复送妙善至尸所还魂，得啖仙桃，入惠州澄心县香山修炼。九年后，其父患恶疾，乃化为老僧，割剜手眼救父，父愈，推位让国，率合宫眷属并文武百僚同往香山修行，因是功

德，佛陀授以千手千眼观世音菩萨之号云云。①

《香山宝卷》不但再次确认了观世音为妙音公主的女性身份，而且空间范围大大拓展，有天堂、有地狱、有阎罗，有观世音吃仙桃修炼，有观世音化为老僧的转化，这里把佛教、道教及中国的各种民间信仰杂糅在一起，突出了观世音的神力。《香山宝卷》增加了一个重要情节：妙善抗拒父母为之婚配，出家为尼。这个情节具有鲜明的民间色彩。中国女性的悲剧集中体现在封建的包办婚姻上，千百年来家喻户晓的"牛郎织女"、"白蛇传"、"梁山伯与祝英台"、"孟姜女"等四大传说之所以具有永久的魅力，就是因为它们都触动了只有人类才具备的美好和高尚的情感。《香山宝卷》妙善抗婚具有很强的社会性，反映了中国女性对于封建婚姻的愤懑与呼声。故事的开始虽假托"须弥山西"，但故事情节却使人感到毫无疑问是中国的土特产。在《香山宝卷》中妙善公主又称妙音。《香山宝卷》中的妙音公主完全符合中国民间的信仰追求，具有鲜明的民间色彩。据学者统计，《香山宝卷》前后有35种版本和抄本，洋洋大观的版本和抄本，对于中国观世音的传播起了巨大的推动作用，同时版本之多说明受众之广。

妙善公主的事迹还与白衣观世音联系在一起，日本学者称白衣观世音为"观音母"，已经把白衣观世音视为女性。白衣观世音为菩萨变相的一种，为何特指为女性呢？据于君方研究："《妙音宝卷》是白衣观音的传记，如这部宝卷标题所示，女主角名叫妙音。"② 在中国的民间信

---

① 《香山宝卷》，浙江省西湖慧空经房刻印流通，1931年重刻。该宝卷在北宋之后广为流传，为民间讲经传唱，有多种民间流传异文。

② 于君方：《观音——菩萨中国化的演变》，第264—265页。

大士觀音通以耳入廿二其相亦門非一
而此龕師繪不為色如其道千敢名呂勒
天池徐文長先生白描觀音大士贊

女相觀世音

仰里，白衣观世音就是妙善公主。这不仅再一次确认了女性观世音的形象，而且把民间观世音纳入了生育女神的系列。国学大师俞正燮说：

> 益知《妙音品》即观世音。今常德武陵梁山观世音寺有碑。言宋孝建中，妙音住锡于此。唐天宝中，改寺额为寿光，有梵僧至，开妙音塔，见金锁连环骨满钵，以锡横担之，冉冉而去。乃奏复为观音寺。是唐时亦以妙音为观世音，《妙法莲华经》多此一章也。①

这个旁证说明妙音显示金锁连环骨，可见其与马郎妇观世音的关联，再次证明了观世音的女性身份。晚明学者谢肇淛记载：

> 大士变相不一，而世所崇奉者白衣为多，亦有《白衣观音经》云专主祈嗣生育之事。②

当今流传的观点认为观世音为女性盛于元代，其依据为元赵孟頫夫人管道昇于元大德丙午岁刊印的《观世音菩萨传略》。《观世音菩萨传略》记载的事迹梗概与宋代无甚区别，其实应始于宋碑，而宋碑是文人的刻记，民间应流传得更早。至于明代万历年间朱鼎臣的《南海观音菩萨出身修行传》，就是在此基础上编纂的演义小说。③《三教源流搜神大全》所载的妙音公主的故事增加了地狱色彩，宣扬了佛教生死轮回的

---

① （清）俞正燮：《癸巳类稿》卷15《观世音菩萨传略》，涂小马等点校，辽宁教育出版社2001年版，第512页。
② （明）谢肇淛：《五杂俎》卷15，第304页。
③ 朱鼎臣：《南海观音菩萨出身修行传》，明焕文堂刊本，4卷25回。题"南州西大午辰走人订著"，"羊城冲怀朱鼎臣编辑"。

思想。至于最后被玉皇大帝封为"大慈大悲救苦救难南无灵感观世音菩萨",在中国的民间信仰中,玉皇大帝排在第一位,观世音为其所封,表明佛教的观世音菩萨被我国本土的道教吸纳,而本土的道教与民间信仰存在千丝万缕的联系。就这样,观世音由印度王子变为汉家公主,彻底中国化了,不仅其面孔、服饰、装扮变为了地道的汉家妇女,而且她的显化也显示出世俗的特征。

中国的观世音就是妙善公主,妙善公主就是中国的观世音。这样的说法在民间广为流传,观世音信仰在中国化,也在地域化。大理白族称观世音为三公主。流传在民间的"观音诰"说:

妙庄王、老国太,观音老母三姐妹,
同锅吃饭各修行,大公主修行清凉山,
二公主修行四川峨眉山,
三公主,功果大。修行南海普陀洛迦山,
救苦救难广大灵感观世音菩萨。

在四川遂宁也有类似的歌谣流传。

白衣观世音坐像,宋,绘画,俞满红临绘

二、鱼篮观世音

在民间的剪纸上、泥塑上,你可以看到与观世音圣殿、石窟寺内造型不同的观世音,这类观世音头不戴佛冠,颈不饰璎珞,脚也不登莲花座,而是一副平民百姓的装扮。鱼篮观世音就是其中的一位。传由赵孟頫画的鱼篮观世音明眉善眸,高鼻小嘴,梳普通发髻,鬓角戴花,着民妇装,手提竹篮,篮子里盛一尾鲤鱼,这哪里像一位出神入化、法力无边的菩萨,分明是一位村姑少妇!

小说《西游记》在广泛吸取民间传说故事的基础上,重塑了鱼篮观世音的形象。《西游记》第四十九回写唐僧被一妖怪捉走,生命岌岌可危,孙悟空、猪八戒、沙僧战了几个回合都战胜不了妖魔,孙悟空只得去南海求救于观世音,这时的观世音:

> 懒散怕梳妆,容颜多绰约。散挽一窝丝,未曾戴璎珞。不挂素蓝袍,贴身小袄缚。漫腰束锦裙,赤了一双脚。披肩绣带无,精光两臂膊。玉手执钢刀,正把竹皮削。①

观世音进入我国高僧取经故事系统由来已久,从《大慈恩寺三藏

---

① (明)吴承恩:《西游记》第49回《三藏有灾沉水宅,观音救难现鱼篮》,中华书局2005年版。

鱼篮观世音

法师传》至《西游记平话》、《西游记杂剧》，观世音都已是居于重要地位的人物。此时的观世音随便挽着发髻，胡乱束了衣裙，光着胳膊，赤着两脚，正在树林里削竹篾，这与我们在观世音圣殿中看到的菩萨真是大相径庭。不但我们感到惊异，连齐天大圣孙悟空都惊异了："菩萨怎么不坐莲台、不妆饰？"连八戒与沙僧也指责悟空："不知在南海怎么乱嚷乱叫，把一个未梳妆的菩萨逼将来也。"在此作者通过侧面描写的方法反复强调观世音是一个未梳妆的菩萨。梳妆意味着庄重、出俗、与人的远距离；未梳妆，意味着随意、入俗、与人的贴近。我们看到那个未梳妆的菩萨——鱼篮观世音，是因为她早已未卜先知，知道自己塘内的金鱼在兴妖害人，救人如救火，因此她"不消着衣，就此去也"。多么通情达理，多么富有人情味，多么富于世俗色彩。《西游记》还有一处写观世音听说妖精变作自己模样，便勃然大怒，"摔了净瓶"。这与人的大怒有何两样，无怪李卓吾评点："菩萨也大怒，大怒便不是菩萨。"好个"不是菩萨"，平民百姓所喜欢的就是对人类的苦难极富同情心、救助心，与凡夫俗子、乡里姑婆一样能嬉笑怒骂的"活菩萨"。

小说归小说，《古今图书集成·神异典》记载了马郎妇观世音和鱼篮观世音：

> 唐马郎妇者，出陕右。先是此地俗习骑射，不知有三宝名。元和十二年忽有美艳女子挈篮鬻鱼，人竞欲娶之。女曰："有一夕能诵《普门品》者，则吾归之。"黎明育彻者二十余辈，复授以《金刚般若》，旦通犹十人，乃更授《法华经》全帙，期以三日通彻，独马氏子能，乃具迎焉。入门，女称疾，求止别房，须臾便死，体即烂坏，遂瘗之。数日，有紫衣老僧至葬所，命启视，惟

黄金锁子骨存焉，谓众曰："此观音大士，悯汝辈障重，故垂方便，示现以化汝耳，言讫飞空而去。"

这个记载，其一，说明了鱼篮观世音的起源。马郎妇观世音就是提篮卖鱼的平民，也就是鱼篮观世音，鱼篮观世音和马郎妇观世音都属于三十三观世音之列。其二，说明了锁骨观世音的来源。中唐李复言《续玄怪录》记有"延州妇人"[①]，其大略情节与之同。"延州妇人"的故事显然是马郎妇观世音的雏形。不同的是，《法华持验记》没有"狎尼荐枕"的记载，而后者则记载："年少之子，悉与之游，狎尼荐枕，一无所知。"她死后，"州人莫不悲惜"。宋叶廷圭《海录碎事》卷13所载比前简练，意思大致相同：

释氏书，昔有贤女马郎妇，于金沙滩上施一切人淫，凡与交者，永绝其淫。死葬后，一梵僧曰："求我侣。"掘开乃锁子骨，梵僧以仗挑起，升云而去。

这里再一次强调马郎妇就是锁骨菩萨。综合前所引，可以看出鱼篮观世音—马郎妇观世音—延州妇人—锁骨观世音实为一体，都是观世音的化身，更为重要的是都是女性观世音的出现。

这个见解启示了我们对女性观世音的探索。观世音是以妇女的身份出现的，而且名分是马郎的妻子。黄庭坚《豫章黄先生集》卷14《观世音赞》云："设欲真见观世音，金沙滩头马郎妇。"任渊注《传灯录》："僧问风穴，'如何是佛？'穴曰：'金沙滩头马郎妇，世言观音化身，

---

① （唐）李复言：《续玄怪录》，中华书局2006年版。

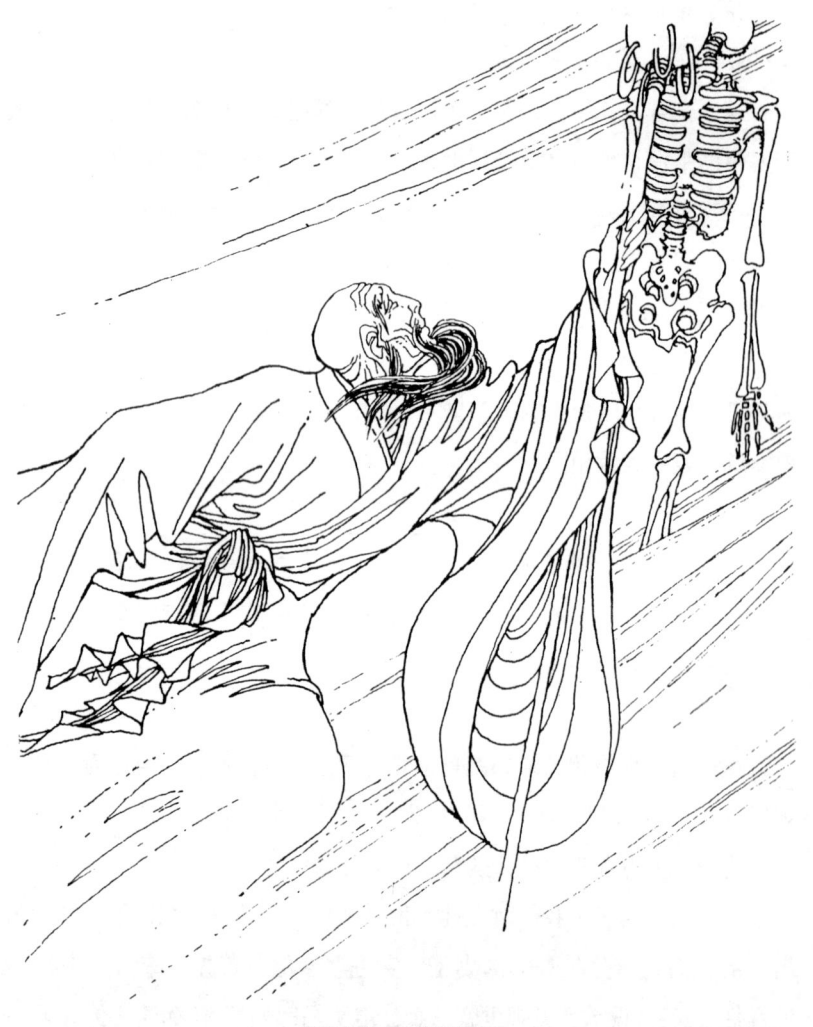

锁骨观世音，郭福贵绘

未见所出。'"观世音是否为马郎妇,历代学者有不同看法。一种观点承认观世音确为马郎妇。《太平广记》卷101引泉州粲和尚赞之曰:"风姿窈窕鬓欹斜,赚杀郎君念《法华》。"《维摩诘所说经·佛道品》第八:"或现作淫女,引诸妇色者,先以欲钩牵,后令入佛智。"《宗镜录》卷21"圆人又有染爱浊门"云:"先以欲钩牵,后令入佛智,斯乃非欲之欲,以欲止欲,如以楔出楔,将声止声。"这种解释无疑确认了观世音即马郎妇。当然也有不同声音。明人胡应麟说:"观音大士绝不闻有妇人称。王长公取《楞严》、《普门》三章合刻为《大士本纪》而著论,以辟元僧之妄(按:指《重增搜神记》所云,为元代僧徒所编造)。尝考《法苑珠林》、《宣验》、《冥祥》等记,观世音显迹六朝至众,其相或菩萨,或沙门,或道流,绝无一作妇人者。"① 笔者认为,过去时代的学究搬出佛教经典来说明观世音非女性,恰恰说明鱼篮观世音马郎妇为中国民众之创造。为了宣讲佛音,出现了一位手提竹篮卖鱼的"美艳的女子",即鱼篮观世音。她具有女性的动人魅力,使男子"竟欲娶之"。而又果真做了"马郎妇"。紫柏尊者对马郎妇的故事内涵做了如下解释:

菩萨无地可站立,无奈去做马郎妇。以欲勾牵度众苦,譬如以毒攻毒疾,疾除毒亦了无所,何妨鬼脸与神头!顺行逆行普利益。②

正如佛经所说:"知身是空,了达实法,即佛是心,心是佛,心外无法,法外无心。……了悟心源,即是净土。"③

---

① (明)胡应麟:《少室山房笔丛》卷40《庄岳委谈上》,上海书店出版社2001年版。
② (明)真可:《紫柏尊者全集》卷17《观音菩萨赞·鱼篮》,《卍新纂续藏经》第73册,东京图书刊行会1989年版,第295页。
③ 王重民等编:《敦煌变文集》下册,人民文学出版社1984年版,第564页。

观世音化身马郎妇的初衷和自始至终的目的是不失禅定,授以《金刚般若》和《法华经》是其行为的主旨,劝导人们弃恶从善,相信佛法,不信佛法,终身是苦。观世音为了普度众生而显示各种世俗的化身,不管其是否与世人发生性关系,"性"都是其宣传佛法的技巧。"以性降伏,消除恶的主题,如我们在延州妇人故事中所见,牢牢地植根于密教经典、仪式与艺术中。他们与毗那夜迦法的仪式有关。"[1]佛教的经典《四部毗那夜迦法》说古印度有一魔障王即荒暴的毗那夜迦,无恶不作,观世音菩萨为调伏他,就化成了美女去见他。毗那夜迦见到美女,欲心炽热想搂抱观世音。观世音说,如果这样,你就必须跟随我信仰佛教,并为佛教护法。毗那夜迦同意了,于是观世音现女身与王拥抱交欢,将他的野性驯服,从而双身大乐,皆大欢喜,所以俗称欢喜佛。男女双身佛像起源于藏传佛教密宗修行方法四个阶段中最高的一个阶段,即无上瑜伽部,又称金刚乘法。藏传佛教认为此法最难修持,一般没有"根器"的喇嘛或没有数十年的苦修是不能成功的。此法如果修成便是即身成就的"佛"。无上瑜伽部的最大特点是男女双身修法,即在男女交媾中去悟空性,这是佛教内以欲制欲、以染而达净的修法。佛教认为女性在其中起了很大的作用。她以爱欲供奉和调伏那些魔障和强暴,而魔障和强暴主要是指阻碍修法的思想,最后将被降伏者引导到佛智上来。《维摩经》上有这样的话:"先以欲勾牵,后令入佛智。"这也说明"欲念"成为导引人从善信佛的一种手段,这与世俗所说的欲念有明显的区别,所以欢喜佛的形象虽然是男女交欢的形象,但并非就男女淫乐而言,而是指佛用大无畏大愤怒的气概,凶猛的力量摧毁一切邪恶。

马郎妇的事迹与《四部毗那夜迦法》的记载惊人的相似。其一,密

---

[1] 于君方:《观音——菩萨中国化的演变》,第426页。

宗中的毗那夜迦也罢，鱼篮观世音中记载的马郎也罢，都是阻碍信仰佛教的象征。其二，观世音是以救人救世的面目出现的。人们不相信佛法是自作孽，自遭殃；菩萨宣传佛法，承担的是度人的神圣使命。其三，以救人为神圣使命的观世音是以女相出现的。不仅以女相出现，而且以爱欲作为感化人弃恶从善、信仰佛陀的手段。这里的爱欲仅仅是手段而已。其四，作为遍在三世十方，法力无边的菩萨可以有各种各样的化身，观世音以女相显现，为女性观世音在我国的本土化、民间化提供了广阔的发展余地。正如当代学者孙昌武先生所分析的："把淫妇人当作菩萨的显化，显示了唐时人的弘通意识。"① 当世人不理解佛法和观世音的初心，称之为"淫纵女子"时，西域胡人却提出完全相反的看法："斯乃大圣，慈悲喜舍，世俗之欲，无不徇焉。"最后显示的一副锁骨则是表明"色即是空"的佛教观念。

在这里，鱼篮观世音是一个有血肉有情感的民间妇女。平民百姓喜爱观世音，是因为她以慈悲为怀，示现诸相，度化有情，救苦救难。《广信府志》载，宋时有人入山取铜矿，掘洞深不可测，山石将压，忽一女提篮盛金鱼一尾来卖，坑中人争出，山崩，女不知所之，示大士示现。② 鱼篮观世音救出了矿井中的苦工。当通天河的鲤鱼精兴妖作怪，众人束手无策时，观世音提着竹篮而来，她捉拿妖怪易如反掌，如同儿戏，好像妇女穿针引线那么容易。在赵孟𬱖的画上，鱼篮观世音是一个中年妇女的形象，而且鱼篮观世音还可能是一个穷困肮脏的老年妇女的形象。《高僧传二集》刊载了这样一个故事，贺氏世代画观音像，"价重艺精"，有一天来一乞丐"疮痍脓血，秽不可近"，此乞丐以一篮鲤鱼

---

① 孙昌武：《中国文学中的维摩与观音》，高等教育出版社1996年版，第303页。
② （清）连柱：《广信府志》，清乾隆四十八年（1783）。

平民形象的鱼篮观世音，清，绘画，孙秉山临绘

鱼篮观世音菩萨像，明，吴地绘，衍遂刻

求画,并告诉贺氏:"君画未必真,我有好本。"乞丐进入贺屋,现观世音真相。这是鱼篮观世音的变相。

宋濂的《鱼篮观音赞》说:

> 除障鱼篮观世音,慈无能胜演圆音。
> 精真洞然众业海,六道群迷蒙慈恩。

人之美,善之善者也,人之是否行善,不在于外貌如何,也不在于社会地位如何,关键是救助的慈心。观世音不仅救助现世的人,而且救助下地狱的人。《癸巳类稿》载:

> 鱼篮观音,则由俗人讹传佛说,七月十五日,救面然饿鬼。面然者,观音变相,以附目连。①

在《佛说盂兰盆经》里说观世音菩萨到地狱去救饿鬼,这也是鱼篮观世音特有的功能。这里把鱼篮观世音与佛教的盂兰盆节联系在一起,认为"鱼篮"来自"盂兰"。"盂兰"为梵文,意为"救倒悬、解痛苦"。据《盂兰盆经》记载,当时佛陀的弟子目犍连尊者,以神通力发现其去世的母亲在饿鬼道受苦,后来目犍连尊者得到佛陀教化在七月十五日设盆供养及斋僧,合各大德威神之力,使母亲得以脱离饿鬼之苦。②

这些观世音都是以女性形象出现的。为什么特指鱼篮观世音为女性?在古印度,鱼是富饶、多产的象征。我国民间对于鱼也有自己的思

---

① (清)俞正燮:《癸巳类稿》卷15《观世音菩萨传略》,涂小马等点校,第512页。
② 参见《佛说盂兰盆经疏》,《大正藏》第1792部。

维模式，鱼是女性的性符号之一。闻一多先生在《说鱼》一文中说，人们以鱼作为配偶的象征主要是鱼旺盛而发达的生殖力。这里直接以鱼喻女，可见鱼是女性的象征符号。中土人在对鱼的认知中，与古印度何其相似。谁能说女性鱼篮观世音的认知和传播不包含中土人的思维。

鱼篮观世音的信仰与佛教和民间的节日盂兰盆会联系在一起，这又是佛教中国化的标志。盂兰盆会俗称鬼节。佛经上说，佛弟子目连的母亲死后变为饿鬼，目连欲救母，释迦佛授其《盂兰盆经》教他在每年阴历七月十五日以一百种食品款待各方僧人，请观世音帮助他在厄难中的母亲，其母就能得到解脱。在民间，盂兰盆是以竹竿斫成三脚，高三五尺，上端有一盏灯笼，挂上纸钱、纸衣帽一块焚烧。民间以为灯笼一亮鬼魂就聚会拢来，在河里则放河灯招徕鬼魂。因为观世音以普救众生为己任，所以不仅解救人间的苦难，而且还解救阴间的苦难。自梁武帝在南方创设盂兰盆会后，成为一种习俗。唐宋元以来，渐演变为祭祖的节日。七月十五日为中元节，为地官赦罪日。

这样看来，观世音为阴阳饿鬼的救星，把饿鬼引入通往光明之途。在民间传说里，还把鬼王面然视为观世音的变相，如前引《癸巳类稿》的记载。又《盂兰盆经》载："盂兰盆者，正言于兰婆那，言救饿如解倒悬，而俗讹鱼篮观世音。"[①] 鱼篮观世音本为中国民间的智慧创造，又使观世音的形象愈趋于完善、丰满，也为盂兰盆节增添了色彩。台湾在盂兰盆节时设普度坛，坛前为一列长达数丈之长桌，以供牲醴，用面粉和其他原料塑造飞禽走兽、传说人物作为供品。庙前左右两边，排置纸人，左侧为山神骑狮像，右侧为土地公骑虎状。拜亭，另置大士山像，为纸制山景，配有善财、玉女、鬼貌吐舌状之大

---

① 参见《佛说盂兰盆经疏》，《大正藏》第 1792 部。

士头、婆精、三藏、孙悟空、猪八戒等角色者。普度坛的设置，可以说集民间鬼神之大成。把观世音菩萨与唐三藏、孙悟空摆在一起，表现民间抹去了对神灵的敬畏，增添了更多的生活情趣。

观世音菩萨，清，佛经插图

三、变化之因

唐代是我国学术界公认的近古社会的鼎盛时期,而贞观之治和开元盛世是其鼎盛的标志。这一时期,也是中国化的佛教思想日趋成熟的时代。是时,名垂千古的玄奘大师从佛教的诞生地取经而归,开始大量翻译佛经。武则天时期在中国佛教史上被称为"新译时代",大量被介绍过来的佛经的传播推动了佛教信仰的发展。佛教繁荣的另一标志是大量佛教寺庙的建立。在中国佛教史上,唐代是佛教中国化的完成期,也是观世音女性化的完成期。

唐代佛教的一个突出特点,表现为佛教由学理型宗教向民俗型或实践型民间宗教的转化,即形成所谓民俗佛教。①

佛教由学理型向民俗型或实践型的转化表现在两个方面,一是净土法门的普及,一是佛教进入民间生活世界之中。而从中国佛教史的总体发展看,佛教中国化完成的标志是禅宗和净土法门的形成。这两个佛教宗派宗义不同,从表面上看甚至是严重对立的;其所产生的社会基础和社会作用也不相同。禅宗是所谓"教外别传",主张"明心见性",否定对传统偶像、教条的迷信;净土宗则突出表现绝对的信仰,完全背离

---

① 李四龙:《民俗佛教的形成与特征》,《北京大学学报(哲学社会科学版)》1996年第4期。

佛教固有的注重教义论证的"智信"色彩。①

净土信仰,包括净土观世音信仰,在佛教传入中国的早期即已传入,但其得到普及却是在六朝时期,至隋唐时期达于极盛。此时净土信仰教理、教法逐渐规范而成体系。早期佛教宣扬忍辱负重、积功累德、苦修成佛,而净土信仰宣扬即身成佛,甚至口念一声"阿弥陀佛"就可以进入极乐世界。一个显著现象是,到了唐代,净土观世音信仰勃兴。如何分析这一现象呢?日本学者本善隆以龙门佛教为中心进行了精辟的分析:

> 唐代的观世音造像,虽承前代而继续兴盛,但其信仰的倾向已发生显著变化,即不只是信仰《法华经》观世音,还信仰净土教的观世音,后者与地藏菩萨一起是与死后往净土信仰紧密结合的。要而言之,在唐代的龙门造像中,相对于对前代的释迦、弥勒此土佛、菩萨的信仰,对以阿弥陀佛为中心的彼土佛、菩萨的信仰成为新势力而勃兴,以至形成压倒之势。这是从各种造像的总体可以确认的。②

尤其是在经历了武宗"会昌法难"之后,不重理论而重信仰,主张"一心念佛"即可借阿弥陀佛的愿力往生西方"极乐世界"的佛教净土信仰开始在社会上广为流行,并深入到了民众的家庭生活之中,逐渐与世俗社会的伦理与情感密切结合起来,成为世俗社会人们精神世界的重要支柱。

---

① 孙昌武:《中国文学中的维摩与观音》,高等教育出版社1996年版,第288页。
② 〔日〕本善隆:《支那佛教史研究·北魏篇》,清水弘文堂1969年版,第380页。转引自孙昌武:《中国文学中的维摩与观音》,第210页。

在净土信仰中首先被推出来的是观世音。观世音本来就具备救助的文化精神和文化品格，六朝时存在的连篇累牍的救苦救难的故事充分说明了这一点。净土信仰宣传成佛并非是释迦牟尼的专利，人人都可净土化佛，而观世音作为西方净土的阿弥陀佛的胁侍菩萨，是带领无数苍生飞往西方乐土的"接引佛"。观世音救助众生是全方位的，不仅观现世，而且还观来世；不仅解救现实人们的种种苦难，而且能够使人们的灵魂永远得到安宁。净土观世音的信仰缩短了佛与人之间的距离，佛不再是高高在上不可企及的缥缈追求，人人可以成佛，而且立即就成佛。这样的理念被更多的普通人所接受。

唐代大乘佛教的净土信仰使得佛教从艰涩的教义教理中走出来，更具有平民化的色彩，在生活中更实用。佛教影响了女性的生活世界，观世音的女性化是观世音信仰在广大妇女中传播的结果，广大妇女特别是民间底层妇女是观世音女性化的推动力。

女子虔诚地信仰佛教，削发为尼，进入佛界。《新唐书·窦参传》载，窦参的女儿因为窦参坐罪贬官，便在郴州出家为尼。王维的母亲奉佛甚深，"乐住山林，志求寂静"。据《唐会要·僧籍》记载，武宗灭佛时，"天下所拆寺四千六百余所，还俗僧尼二十六万余人"。在这个数字中，包括相当多的妇女，不仅包括广大的底层妇女，还包括士大夫和文化精英阶层的妇女，另外还有公主、妃嫔等宫廷妇女，如武则天以及太宗的其他一批妃嫔曾做过感业寺的尼姑。武则天统治时期，佛教备受崇奉，太平公主、韦后、安乐公主等也大肆崇佛，使唐代佛教达到极盛。再看一组数字：唐中叶，据官方统计，全国寺庙达5258座，其中尼寺2113所，尼姑50576人。到了宋真宗大启年间，全国僧尼458854人，其中比丘尼61229人。①

---

① 白化文：《汉化佛教与寺院生活》，天津人民出版社1989年版。

唐代妇女的观世音信仰除了表现在其出家为尼之外，还大量地表现在其世俗生活中。唐代流行对大悲菩萨的信仰。"大悲"本是观世音的名号之一，中国人把他们喜欢的千手千眼菩萨称为"大悲菩萨"。从造型来说，大悲菩萨的造型更为壮观，更为神圣，也更为神秘。大悲观世音为了践行其救助的理念，眼睛永远向下，伸出千只手臂以示其救助的力量。大悲菩萨的出现，从思想体系说，与净土信仰相联系。

唐代妇女捐助观世音造像，且刺绣、绘画观世音像逐渐增多。这些观世音像的出现表明观世音信仰在妇女中的广泛传播和妇女信仰的虔诚。敦煌发现开元天宝年间曹元忠妻绘的观世音像。曹元忠为河西归义军节度使，画像是为其子延瑞妇难月功德而做的，供养人有男像延瑞，女像为元忠妻及其儿媳。在龙门石刻观世音的铭文中造像者女性占三分之一。其中包括五种自称：1. "清信女"；2. "娘子"；3. "妻"；4. "婆"；5. "某某氏"。例如"清信女赵善胜"、"崔元表妻郭"、"刘大娘"、"甘大娘"、"王婆"等。用社会学分析，其中包括上层、中层和底层的各阶层妇女。龙门石窟有这样的造像题记：

上元三年（676）王婆题记，不可思宜清信女王婆，为儿宋元庆东行，愿得平安，敬造观音一躯了。上元三年三月。①

石行果妻王，为男四儿身患，今得除预，愿造救苦观音一躯。②

弟子张四娘为母裴患，愿早恙，敬造观世音菩萨一区供养。③

---

① （清）陆增祥：《八琼室金石补正》卷30，文物出版社1985年版。
② （清）陆增祥：《八琼室金石补正》卷33。
③ 刘景龙、李玉昆：《龙门石窟碑刻题记汇录》，中国大百科全书出版社1998年版，第283页。

唐代妇女信仰观世音,不仅为生者祈愿,也为逝者祈愿。佛教有"净土成佛"和"秽土成佛"两种不同的理念。所谓"秽土成佛"是注重现世的,他们讲究现世的忍辱负重、修行,而净土成佛更考虑来世。莫高窟第71窟壁画净土变中的一位思维菩萨,俯首支颐,眼视空茫,凝神默想,内心的澄净和外表的静谧统一于美好的形象之中。敦煌文献S.1515号《观无量寿经》题记中就载有唐人以写经功德为亡故的父母及七代父母祈求冥福的祈愿文:

> 王德仁女小娘为亡父敬造观音菩萨并造《法华经》一部,又舍衣作石桥,南愿因果,资益存亡,成无上觉。①

这些造像都是妇女捐资刻凿的。她们或为儿子祈祷,或为家庭祈祷,或为亡父亡母祈祷,总之有明确的行为动机。当这样的社会责任历史地落在各个阶层妇女的肩上,她们除了向观世音求子之外,还有向观世音祈福的习俗。但凡家宅平安、丈夫远离、家有病人,妇女都要向观世音祈求。

妇女崇信观世音,她们往往在家里亲自绘画和刺绣观世音像,而不少文人墨客为其画像或者绣像题字。中书舍人朱军妻马氏祈求冥福的绣像,有梁肃的题赞,名曰《绣西方像赞》。②白居易为其弟媳作《绣观音菩萨像赞》。他另作《画水月观音赞》:

> 净渌水上,虚白光中,一睹其相,万缘皆空。弟子居易,誓心

---

① 刘景龙、李玉昆:《龙门石窟碑刻题记汇录》,第29页。
② (清)董诰、阮元、徐松等:《全唐文》卷519,中华书局1983年版。

南无观世音菩萨，石刻线画

皈依。生生劫劫，长为我师。①

不仅刺绣观世音像，还刺绣观世音经典。据《杜阳杂编》记载：

> 永贞元年（805），南海贡奇女卢眉娘，年十四，称本北祖帝师（后汉卢景祚、景裕、景宣、景融兄弟四人皆为帝师，因号为帝师也）之裔，自大足流落于岭表。幼而慧悟，工巧无比，能于一尺绢上绣《法华经》7卷，字之大小不逾粟粒，而点画分明，细于毛发，其品题章句，无有遗阙。②

妇女刺绣或者绘画观世音像是其崇信观世音的肢体语言，通过这种表述又传播了观世音信仰，这是一个内在心理与外在表现的互动过程。

一些捐资造像和在家庭刺绣观世音像及念经、写经的妇女是居士。佛教戒免杀生，所以信仰观世音有吃素的习俗。观世音的生日为二月十九日，有些妇女从二月初一开始吃素，直到二月十九日止，俗称"观音素"。因地域不同，吃素的习俗也不同。有的每月初五、十五吃素；有的吃"一十七素"，亦称"同花素"，即每月初一、十一、廿一、初七、十七、廿七、初十、廿十、三十，加上月半共十天。凡吃这类斋的，会定时在供奉的观世音像前烧香点烛，以示虔诚。食素净心，也是信仰观世音的妇女在家庭的习俗。

在此我们注意到一个文化现象，妇女画像和绣像的文化空间是在家

---

① 《白氏长庆集》卷17，吉林出版集团2005年版。
② （唐）苏鹗：《杜阳杂编》，阳羡生点校，《唐五代笔记小说大观》（下），上海古籍出版社2000年版，第1381页。

庭。这是因为当时妇女参与的公共文化场所比较少，除了寺庙之外，家庭成为信奉观世音菩萨的一个重要的文化空间，不少家庭有摆设或者悬挂观世音像的习俗。在六朝时期，向观世音祈求救苦救难、救火救灾主要偏重于观世音的社会功能，而唐代观世音成为家庭的保护神，这是观世音信仰的文化空间的一个转型。《全唐文》卷519载，崔绰妻李氏的父亲死了，她夜以继日地绣成观世音像，来表达对父母的孝心。《全唐文》卷783载，穆员的小妹绣观世音和药师佛像，希望得到观世音的庇护，免除疾病和突如其来的灾害。这样，观世音从佛殿走入了每个家庭之中，成为家庭的保护神。

妇女刺绣佛像是在家庭中进行的，祈求生子可能在寺庙中进行，也可能在家庭中进行。家庭是女性的生活空间，也是信仰空间和精神空间。妇女信仰观世音一方面满足自己的精神需要，一方面在实践自己的社会责任。中国传统社会主张"男主外女主内"，在复合型家庭结构中，妇女安排家庭的生活秩序，承担生育子女的社会责任，以至婚丧娶嫁仪式的展演及亲属之间的交往。她们是日常生活运行的主要枢纽。妇女祈求的是衣食住行的富足，生育子女及老人的康健，家宅平安及家族的兴旺、疾病的消除和灾害的远离等等，也就是说，妇女是家庭兴旺发达、安危祸福的主要承担者。自人类形成以来，人与人之间所形成的最古老的而又最普遍的互动关系就是家庭。家庭是组成社会的细胞。男女的姻亲关系在这个特有的空间确立，人生繁衍的担当在此完成，由姻亲关系组成的社会网络由此而成立。

在观世音的女性化和民间化的历史进程中，女性化伴随着民间化，民间化凸显出女性化。唐代妇女追求世俗化的幸福，向观世音求子是唐代观世音信仰一个明显的标识。我国以古老的农耕文明著称于世，在当时生产力低的情况下，要发展农业生产就要多子。另外在传统的封建

家堂三尊观世音,清,纸马

社会，在君臣父子的社会体制和宗族的社会秩序下，男子要承担各种社会责任。在官本位的社会，只有男子可以居官，光宗耀祖。因此在中国的民俗观念里，多子就是多财和多福。一个家庭以生男子和男子多为荣耀，而只有生了男孩，母亲在家庭中的地位才被认可，所以唐代妇女向观世音求子。在中土人的信仰中，念《白衣大悲五印心陀罗尼经》可以得子。唐宗室李从晏妻许氏想生个男孩，常持《观音普门品》诵念，梦神光烛身而怀孕，结果生了个聪明端庄的男孩。①《太平广记》卷92《异僧类》"万回"条引唐人《谈宾录》中的记载，在唐高宗、武则天、中宗之世时有一著名的高僧，名万回，为其母对观世音像祈祷而生："万回师，阌乡人也，俗姓张氏。初，母祈于观音像而娠回。回生而愚，八九岁乃能语。"小时万回愚笨，后来做了大事。正如《妙法莲华经·观世音菩萨普门品》中的记载："若有女人设欲求男，礼拜供养观世音菩萨，便生福德智慧之男。设欲求女，便生端正有相之女。"

送子观世音的造像修饰，往往呈现一个穿素衣的平民妇女形象，即白衣观世音。《不空羂索咒心经》卷22就有白衣观世音手持莲花的记载。"白衣观音常住白莲花中，头戴发髻冠，袭纯素衣，左手持开敷莲花，从此最白净处出生普眼。"②白衣观世音不仅穿白衣，着白巾，而且居住在白莲花中。这里的尚白起源于佛教："白即菩提心，住菩提心故称住白处。此菩提心由佛境界生，常住此处能生诸佛。此观音母即莲花部之主。"③所谓"菩提"，梵语 Bodhi，巴利语同，意译觉、智、知、道。广义而言，乃断绝世间烦恼而成就涅槃之智慧。相传禅宗五祖弘忍

---

① （宋）释赞宁等撰：《宋高僧传》卷17《道丕传》，中华书局1987年版。
② （唐）一行：《大毗卢遮那成佛经疏》卷5，《大正藏》第39册。
③ 〔日〕后藤大用：《观世音本事》，黄佳馨译，台北天华出版事业股份有限公司1994年版，第157页。

大师有诗曰:"身是菩提树,心为明镜台。时时勤拂拭,勿使惹尘埃。"

白衣观世音与送子观世音是如何叠合在一起的呢?观世音的经典包括《陀罗尼经》,《陀罗尼经》属于密教的经典。中国唐代的善无畏、金刚智和不空三位是在唐代建立密教经典的大师。他们不仅大量翻译了观世音的经典,而且建立了密教的仪轨。在《陀罗尼经》中,有印度翻译过来的密教经典,也有本土的陀罗尼经典。白衣观世音—妙善公主—司生育之女菩萨就这样天衣无缝地衔接。晚明学者谢肇淛记载:"大士变相不一,而世所崇奉者白衣为多,亦有《白衣观音经》云专主祈嗣生育之事。"① 观世音的功能之一是司生育,女性观世音处于不可动摇的地位。

传统社会的妇女受教育的机会和社交活动较少,而唐代又盛行居士制度,他们可以居家修行做"优婆夷",抄写佛经、焚香参拜、斋戒静修、专做善事。对于无论是上层妇女,还是中下层妇女来说,家庭不仅是她们的生活空间,而且是她们信仰观世音的精神空间。

社会是由两性所组成的,唐代妇女对观世音信仰的普遍性、世俗性是观世音造像女性化的基础,就像西方的圣母玛利亚怀抱着婴儿一样,送子的观世音不可能为男性,而无论是妇女在家庭中焚香参拜的观世音,还是写经中仰望的观世音,也都是女性观世音。

唐代以现世女性喻观世音。《北梦琐言》载:"唐懿宗丧,同昌公主见左军观音像陷地四尺。左右言:陛下,中国之天子;菩萨,即边土之道人。"② 意思是同昌公主为观世音之现身。不唯公主,民间女子也可称观世音。《全唐文》卷396载:有一尼姑名慈和,她有通神的本领,人们叫她观世音菩萨。当然这不从唐代始。在南北朝时期已有观世音显

---

① (明)谢肇淛:《五杂俎》卷15,第304页。
② (宋)孙光宪:《北梦琐言》,中华书局2002年版。

白衣大士像，明，石刻，俞满红临绘

女相的传说。《北齐书·徐之才传》载:"武成初,见空中有五色物,稍近,变成一美妇人身长数丈,亭亭而立。食倾,变为观世音,是女身也。"《隋书·王劭传》云,独孤皇后"圣德仁慈,福善祯符,备诸秘记,皆云是妙善菩萨",即妙庄王第三女妙善。《法苑珠林》云:"齐建元元年,彭子乔系狱,诵观世音经,有鹤下至子乔边,时复觉为美丽人,子乔双械自脱。是亦女身。"《北史》的记载,已表明观世音缘于妙庄王三公主妙善之化身,隋文帝独孤皇后、陈后主沈皇后均以此自喻,女性观世音在隋已初见端倪,至唐尤为鲜明。除了中下层妇女对观世音的崇信外,推动观世音女性化的还有上层的力量。

众所周知,武则天推崇佛教,僧人曾经编撰《大云经》为她取得政权而制造依据。《大方等大云经》卷4说:

> 佛即赞言:善哉善哉!夫惭愧者,即是众生善法衣服。天女!时王夫人,即汝身是。汝于彼佛,暂得一闻《大涅盘经》,以是因缘,今得天身,值我出世,复闻深义,舍是天形,即以女身,当王国土,得转轮王所统领处四分之一;得大自在,受持五戒,作优婆夷,教化所属城邑、聚落、男子、女人、大小。受持五戒,守护正法,摧伏外道诸邪异见。汝于尔时,实是菩萨,为化众生,现受女身。是时王者,即今一切众生乐见梨车子。是深达正法甚深之义,能开如来微密法藏,护持佛法,无所亏损。时摩诃男者,即今大云密藏菩萨是,得我真身二分之一,知恩报恩,护持正法,能答深义,无所滞碍。天女!我今此众,虽有上智大迦叶等,不能宣辨甚深之义,如大云密藏菩萨摩诃萨也。①

---

① (北凉)昙无谶:《大方等无想经》(又称《大方等大云经》)卷4,《大正藏》第12册,第1098页上。

根据佛教的经典，武则天可以是观世音的化身，是活在现世中的观世音。这给武则天很大的启发。她的所作所为是要借助佛教中的观世音取得统治地位。《大云经》卷6说："女既承正，威伏天下，阎浮提中所有国土悉来奉承，无违拒者。"这清楚地告诉人们，武则天是受佛的旨意来一统天下的。而她的身份就是观世音菩萨。因为观世音菩萨可以显示各种相，所以可以显女身。武则天称帝后，当时的僧人菩提流志曾经在华译出《宝雨经》。《宝雨经》在序文的末尾加入东方月光天子受记在中国现女人身统治一切。《宝雨经》卷1说："实是菩萨，故现女身，为自在主。"中国历代的男皇帝往往自命为天子，自诩授天命而佐政。观世音菩萨既可以现女身，那么女皇帝就是活菩萨的降临；人世间既然有君临天下的女皇帝，佛教中当然也可以出现主宰国家命运的女菩萨了。

有人认为《大云经》是伪经。陈寅恪认为，《大云经》与武则天的关系牵扯到佛教文化和儒家传统之间的差异。武则天以女身称帝，有违中国传统儒家文化观念，所以她只能从佛典中寻找根据，而《大云经》里女菩萨为转轮圣王的预言正好适合她。陈寅恪认为，事实上《大云经》和《大般涅槃经》都出自天竺，经由于阗传入汉地，并非中国人伪造。敦煌石室内发现的《大云经疏》残卷，与昙无谶所译《大方等大云经》几乎完全吻合。薛怀义不过是依据旧译，附以新疏，借此阐发新义。因此武则天颁布的《大云经》，既非重译，更非伪造。

近现代学术巨匠王国维也考证认为《大云经》并非伪造，肯定宋代赞宁《僧史略》中记载的《大云经》在晋代十六国时已译为汉文的说法，否定了《唐书》等错误的记载。当代学者杜斗城在他的著述《北凉译经论》中详记北凉译经的全过程，他明确指出，《大云经》是古印度人昙无谶北凉时在敦煌译出的，时在公元422年左右。武则天颁《大云经》时,《大云经》已存在了260多年。一句话,《大云经》来自印度,北凉译出;《大云经》不伪,《大云经疏》是解释《大云经》的文章,有新意。更有意思的是,帝王被看作观世音早有先例。徐陵《东林双林寺傅大士碑》有傅大士致梁高祖书,开头就说:

> 双林树下当来解脱善慧大士白国主救世菩萨……①

"救世菩萨"就是指观世音,梁高祖既然称得观世音,武则天为什么称不得?不过要有个女观世音陪伴武则天罢了。

《不空羂索神变真言经》卷30宣传不空羂索观世音咒的护国功能:

> 若国土荒芜,大臣谋反,起兵刀灾异时,先净其身……诵此陀罗尼真言声声不绝,行除灾法,满三七日,即使国土一切人民得大安稳。②

护国功能被武则天利用。武则天不仅借助于观世音信仰取得政权,而且误认为军事上也能借助于观世音的神力。公元697年,武周和契丹族发生了军事冲突,她令僧法藏依经教阻遏契丹的入侵。法藏沐浴更衣,建立了十一面观世音的道场,置观世音像。这时唐朝的军队如潮水般地压向契丹军队,观世音也仿佛浮空而至。武则天认为是依靠观世音的功力。

---

① (清)严可均辑:《全上古三代秦汉三国六朝文·全陈文》卷11,上海古籍出版社2009年版。
② 《不空羂索神变真言经》卷1,《大正藏》第20册。

女性对于观世音的信仰推动了观世音造像的女性化。观世音造像的女性化又反过来推动了观世音信仰在民间的传播。唐代是佛教中国化的过程，也是中国佛教普及的过程，观世音由男相变为女相也必然服从于这个过程。

慈容四十五现，明，版画

第五章
观世音与诸神

中国人信仰的观世音自印度的佛教而来,在印度的佛教里,观世音与佛教诸神存在着千丝万缕的联系。但是中国百姓接受了观世音,也改变了观世音。中国民众的观世音信仰有一个本土化的过程,体现在民间观世音与其他民俗诸神发生着密切的联系。

观世音全像，清，杨柳青

一、观世音与善财童子

在著名的观世音寺,都有一幅宏伟的海岛塑像,其中央为端庄秀美的观世音,她在滚滚的波涛之上,脚踏鳌鱼,据说不镇压地下的鳌鱼,人间就会天翻地覆。在观世音像的旁边,有一童子,头梳髻,腰戴兜肚,眉目秀发,精神顾盼,他就是善财童子。善财童子谓谁?为何伴以观世音呢?

莫高窟第72窟西侧上方山口处——四阿顶建筑前,画有立佛、菩萨像多身。其中有一幅榜题为"龙王现楼阁时",其西有一菩萨乘云而至,屋内一童子合十迎拜,榜题"观世音菩萨度童子时"。童子迎拜下方山麓,一罗汉合十跪云中。原来善财童子极善于拜师。善财童子,佛教菩萨名。《华来经·入法界品》载,福成长者有五百童子,其一名善财。他出生的时候,家中一下子涌出许多珠宝,满室为之生辉,所以相师给他取名叫善财。但他看破红尘,视财产如粪土,以为万世皆空,发誓修行成佛,后来文殊见他聪明好学,就把佛教的"根本指南法"传授给他,并指点他广采博收。于是善财南行,先后参拜了53名佛学造诣很深的老师,他们是被称为"善知识"的人,佛教里尊称这些善知识的老师为菩萨。在其历访名师的过程中,有位居士告诉他南方有座补陀洛迦山,在印度洋南岸,那里有个叫"观自在"的菩萨,能救苦难众生。善财立即赶到那里,看见观自在菩萨正坐在金刚石上演说佛法。《菩萨本行经》载:

童子拜观世音一，明，版画（安徽）

> 彼有菩萨,名观自在……勇猛丈夫观自在,为利众生住此山,汝应往问诸功德,彼当示汝在方便。善财至于彼山,求觅此大菩萨,见西面岩谷之中,树林蓊郁,香草柔软,右旋布地。观自在菩萨于金刚石上,结跏趺坐。善财见已,欢喜踊跃,作如是念,善知识者,一切法云,善知识者,无尽智炬,善知识者,福德根芽。①

佛经上说,相传观世音为试善财是否有诚意,便化身船夫,起大风浪,劝他回去。但善财决心渡海,矢志不渝。这是佛经上的说法。据李利安教授研究,《入法界品》的主角是善财,但其核心却是大乘佛教的解脱法门。《入法界品》中"五十三参"的善财童子第二十七参参拜观世音:"尔时,善财诣观世音,头面礼足,绕无数匝,恭敬合掌,于一面住。"② 观世音给善财讲解"大悲行解脱法门"的内容,成为中国观世音信仰非常重要的信仰源泉。③

关于观世音与善财的因缘关系,民间信仰有自己的传说。

其一,善财为一苦孩子,穷得用牛皮纸糊住竹篮挑水。他怀着一颗善心,把观世音菩萨关在小瓶里的黑蛇精救了出来。当蛇精恩将仇报欲吃掉善财童子时,遇一小姑娘,小姑娘忽而变为观世音,愤怒惩罚了蛇精,重又把它装入净瓶之中。观世音对善财童子说:"你虽然心地善良,可是善恶不辨,还是到普陀山去修炼吧。"于是善财童子成为观世音的胁侍。④

其二,黄山天都峰前有两块石头,人们称之为"童子拜观音"。原

---

① 〔印度〕马鸣:《佛本行经》(别称《佛所行赞》),(北凉)昙无谶翻译。
② 《华严经》卷51,《大正藏》第9册,第718页中。
③ 参见李利安:《观音信仰的渊源与传播》,第226页。
④ 顾希佳编:《菩萨外传》,上海文艺出版社1989年版,第36页。

植拂枝顾寄
此冥漠四性
寂然梦亦是
觉翠世皆梦
我享独醒持
此梦机以示
寐人

童子拜观世音二，明，版画（安徽）

观世音菩萨与善财童子

来南海观世音被黄山的美景吸引来到黄山,她化作一个老太婆与一个捡来的小孩共度时光。这个叫桐仔的小孩看见奶奶的眼睛瞎了,就翻山越岭去寻眼药水。最后他用自己的鲜血调好了眼药水,先治愈了一个素不相识的老大爷的眼睛,又再次用自己的鲜血调好眼药水,治愈了瞎眼的奶奶,没想到奶奶就是观世音。奶奶要离开,童子跪倒便拜。祥云缭绕中站着的观世音带着童子走了,他们的肉身化作两块大小不同的石头。①

这两则传说都说明了观世音接收善财童子做弟子的过程,不过与《菩萨本行经》里的记载不同。《菩萨本行经》里的记载表明善财勤奋好学,勇于拜师,启迪人们学习善财修行佛法。民间传说告知我们观世音菩萨无私救助践行,前一个传说还告诫人们要辨别善恶,以善报善,以恶惩恶。善良的中国百姓,把自己的朴素的善恶观和价值观融于佛教信仰的观世音之中,观世音及其弟子善财童子都成了为百姓伸张正义的化身。后一传说与前有别,宣传的是中国人孝道的传统观念。儒家把孝道列入三纲五常,孝道的伦理观念是中国民间传承的优秀文化因子。

善财童子既为观世音的弟子,当然也以普度众生为己任。中国民间赋予善财童子以这样或那样的职能。善财童子可以解救危难中的人们。《高僧传初集》记载了这样一个故事:有一个姓宋的人坠入江中,他就念诵观世音菩萨,这时忽见一可爱的童子来牵他的衣襟,把他救助到岸上。②善财童子还帮助观世音给人治病,据《兖州府志》记载,当某人被盗寇挖去两眼时,观世音答应让他再见光明,观世音"向空中一唤,即见童子携篮,覆以莲花,揭开皆羊睛也。拈两枚赐吞之,两眼复

---

① 刘锡诚主编,长生编:《观音的传说》,第 204 页。
② (南朝梁)释慧皎撰:《高僧传初集、二集》,弘化社 2012 年版。

童子拜观世音三,明,版画(安徽)

明"①。又《观音菩萨颂》载：某人妻产后病危，梦见观世音执杨枝，蘸水洒己身，说偈云："起死回生甘露水，一点善心感化来，金石坚心登极乐，唯恐尘缘解不开。"尔后病愈。杨枝净水是观世音手中的持物。古代印度在待客时，赠朋友杨枝及香水，以表祝福。佛教修法时亦用以奉请菩萨。

在中国民间的观念里，杨枝净水为观世音手持的灵物。传说中的善财童子也持杨枝净水，成为悲天悯世的观世音的代言人。观世音不仅施慈悲于阳间，而且施慈悲于阴间，给人以复生的机遇。善财童子助观世音使人死而复活。据明末清初的智旭记载，一个逝世的老妪的尸体已腐烂，无人掩埋。观世音命令善财童子取牟尼泥，用泥围着尸体匝了三圈，腐烂的尸体完好如常。这时出现了奇迹，"魂从口入"，腐朽之尸竟然复活。从信仰者的角度出发，我们不能怀疑其真实性，我们说它起源于善男信女的推理，表现的是民众顽强的生命意识。中国百姓的生命意识借观世音的形象表现出来了。《列子·天瑞》说："天生万物，唯人为贵。"《孝经·圣治》云："天地之性，人为贵。"热爱生命、珍惜生命是人类的普遍追求，但是死亡又是不可逆转和不可重复的。从医学的角度来说，最新的科学的死亡定义是以人脑意识的死亡为标志的。人脑意识的死亡几乎是与可能的或意想中的死亡体验同时发生的，它使可能的死亡体验变得不可能，人们可能想象死亡，但是不能经验死亡。死亡的不可经验性更造成人们对死亡的恐惧感和不可知感，愈不可知愈恐惧，人们愈渴望永生而逃避死亡。在起死回生的构想中，善财童子助了观世音一臂之力。

善财本来是以"善知识"而著名的，他学习佛法，极为真诚，曾经

---

① （明）于慎行：《兖州府志》，齐鲁书社1985年影印本。

跋山涉水，克服了一切艰难险阻，他虔诚地"五十三参"，拜见佛陀，因而学到了真本领。各地寺院大雄宝殿主尊佛像影壁后面，都设有海岛观世音的浮雕，又称"五十三参浮雕"，再现了这个佛教事迹。人们也用这个事迹启迪少年学习佛法的悟性。

"善财"是梵文 Sudhana 的意译，但按照汉字的意义理解，善财善财，善于理财者也，于是在中国民间信仰里善财童子成为"招财童子"、"看财童子"。尽管"惟富贵与贫贱难移"成为统治者所推崇的亘古不变的教条，但是贫苦的百姓并不相信这个理儿，几千年来，他们希冀富裕，希冀发财，希冀摆脱贫困。虽然在过去的时代里，天灾人祸如大山一样压抑着人们，但是善良百姓的希望之光从来没有熄灭。于是"善财童子"便与民间"招财进宝"联系在一起。在民间年画上，常有善财童子招财进宝的画面，若问这个童子是谁，人们说：是观世音身旁的善财童子。在民间信仰里，善财童子转化为拥有财富的象征。

这位善财童子还受到村姑村妇的格外喜爱。"童子"即男娃，在我国传统的农耕社会，是妇女幸福的寄托，中国农村妇女特别喜欢善财童子。因此善财童子的形象大量地出现在民间的彩塑及剪纸上。善财童子或手持铜钱，或腰缠红肚兜，慧眼明睛，活泼可爱。村姑村妇也有向观世音和善财求子的。人们甚至起名叫"善财"，有财有子，好不快乐。

善财是以童子的形象出现的，但有时民间的创造也打破了原有的模式。承德大乘千手千眼观世音菩萨的莲花座上，侍立着善财、龙女二弟子，所不同的是，站在东侧的善财是穿朝服的老人，而西侧穿朝服的是戴花冠、项饰珠玉的雍容贵妇。此处善财的形象与传统的模式大相径庭。在浙江舟山群岛普陀山上，设有善财洞，人们希冀与善财童子不期而遇。

据《普陀山志》载：

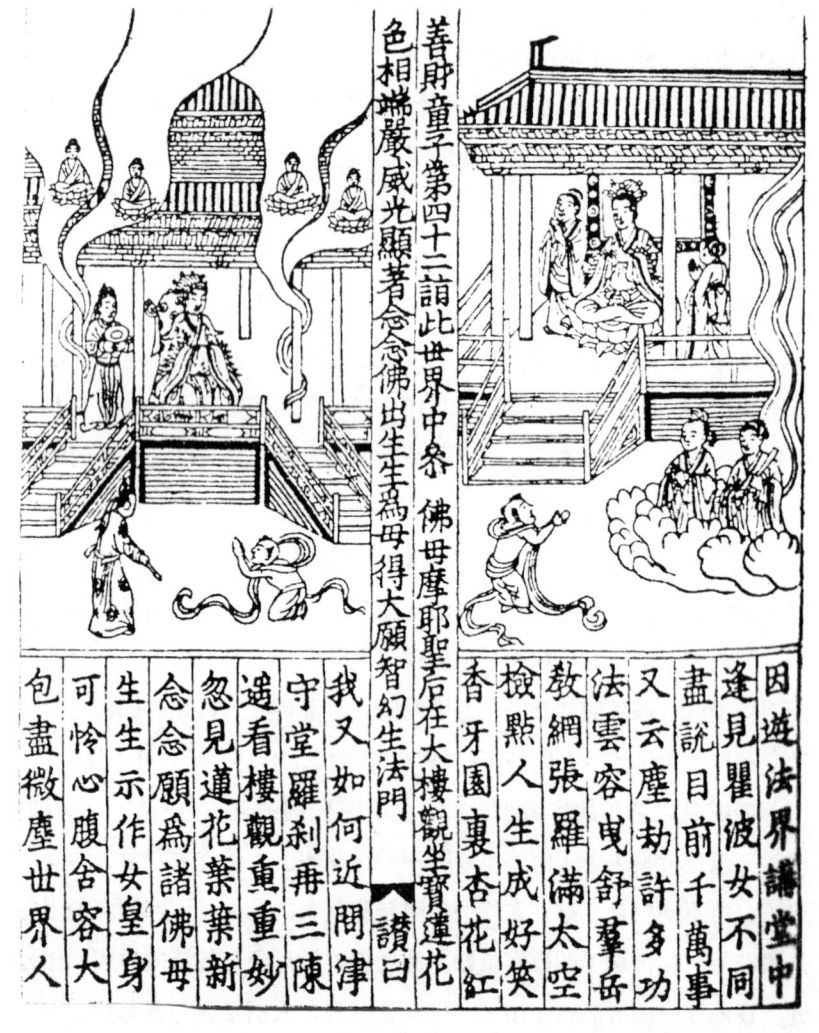

善財童子第四十二謁此世界中条佛母摩耶聖后在大樓觀坐寶蓮花
色相端嚴威光顯著念念佛出生生為母得大願智幻生法門

〈讚曰〉

因遊法界講堂中
逢見瞿波女不同
盡說目前千萬事
又云塵劫許多功
法雲容曳舒輦岳
教網張羅滿太空
撿點人生成好笑
香牙園裏杏花紅

我又如何近問津
守堂羅刹再三陳
遙看樓觀重重妙
忽見蓮花葉葉新
念念願為諸佛母
生生示作女皇身
可怜心腹含容大
包盡微塵世界人

善财童子

宋度宗咸淳丙寅，范太尉以目疾，遣子褥潮音洞，汲泉洗目。既愈，复令子来谢。洞左现大士身，淡烟披拂，如隔碧纱，继往善财洞，大士、童子并现，大士缟衣飘带，珠璎交错，精神顾盼，如将示语。

元泰定帝至和元年，御史中丞曹立，承命降香潮音洞。见白衣相，璎珞披体，以候潮未行，再叩再现，而善财大士亦在，童子鞠躬，眉目秀发，七宝璎珞，明洁可数……

佛教里的菩萨善财童子在中国民间经过演化，被赋予了这样或那样的职能，这无非又是出于善良百姓的善良愿望罢了。

二、观世音与龙女

在中国民间的壁画和塑像中，观世音的左侧是活泼可爱、能使人得财得子的善财童子，右侧则有一位锦衣罗带、温柔安详的妙龄少女，这就是观世音的右胁侍——龙女。

关于龙女，《普陀洛迦新志》云：

> 盖奢摩密照，不同默默昏昏，禅定增明，长是惺惺寂寂，双轮并运，三种圆修，故得十方圆明，二种殊胜也。于是五蕴全空，诸根互用，住行向地，刹那顿超，身界根尘，觉心篇满，上同诸佛，现三十二之应身，下合众生，施十四种无畏。彼法华龙女，不闻普度之功能；华严善财，未获无作之妙德。此则证于究竟，故传古佛之名，善得圆通，始受观音之记也。

善财龙女能够成佛，达到圆通之境，都受到观世音的普救。关于龙女成佛的经过，有这样一段记载：龙女本是佛教护法天神二十诸天之一娑竭罗龙的女儿。龙女聪颖过人，年方八岁时，偶听文殊菩萨在龙宫说法，顿然觉悟，遂至灵鹫山礼拜释迦，以龙身成就佛道。文殊菩萨说："发菩提心即能成佛。"但是在场的智积不以为然。这时，龙女从怀中掏出一颗价值三千大千世界的宝珠，献给释迦，然后对智积和舍利弗说："我献宝珠，世尊马上就要了，这事快不快？"龙女说："你们看我成佛，也是这样快。"说罢，龙女当众"忽然间变为男子，具菩萨行，即往南方无垢世界，坐宝莲花，成等正觉"。①《法苑珠林》卷18"千佛出家"云："时菩萨受彼乳糜，持至尼禅河，有一龙女名尼连萘耶，从地涌出"，后随菩萨出家。②

更有意思的是，唐代佛教密宗演绎了追求龙女的奇异巫术。如何追求呢？敦煌文献伯三八七四有《观世音及世尊符印十二通及神咒》的记叙，要想追求龙女，先吃水和面，再用蜂巢泥做一龙女形，然后用香花供养，再"取牛乳诵八百遍，一切六道洒面形象，更取一白赤色花，诵一遍彼形象即令龙女速疾而来"③。此种用模仿巫术求得龙女的方法，本是佛教密宗神奇的招来异性恋人的巫术。这段故事似与观世音的联系不甚密切，但是它出自观世音的经咒之中，表明了龙女的来历。另外，这与民间传说"柳毅"有惊人的相似之处。前者用蜂巢泥做龙女像使用的是模仿巫术，后者使用的是感应巫术。龙女给柳毅一腰带，因为这腰带龙女接触过，所以束之枯树上，发出魔力而使龙宫知道来人的信息。观世音经咒与民间传说虽然不属于同一范畴，但是同样存在着原始巫术的观念。

在中国民间，则流传着龙女与观世音关系极为密切的传说：

活泼可爱的龙女是东海龙王之女，有一次她变成一位渔家少女来到人间看鱼灯，但不知被什么地方泼下来的冷水一激而显出原形，还原成一条很大的鱼，被人扛到市场上叫卖。此事观音看得一

---

① 马书田：《华夏诸神》，燕山出版社1990年版，第273页。
② 《法苑珠林》，又作《法苑珠林传》、《法苑珠林集》，凡百卷。该书为一切佛经之索引。系道世根据其兄道宣所著之《大唐内典录》及《续高僧传》而编集，收于《大正藏》第53册。
③ 高国藩：《中国民俗探微——敦煌巫术与巫术流变》，第254页。

观世音、龙女、善财

观世音、龙女、善财，清

清二楚,他派善财童子去解救,正当一个胖后生要用大斧把鱼砍开时,一个小沙弥买下了这条鱼,并把它放回大海。龙女回宫后受到父王的训斥,龙王怕玉皇大帝责己教女不严,盛怒之下,把龙女赶出龙宫,观音菩萨派善财童子把龙女接到潮音洞,龙女也成为观音的胁侍,后来此岩洞为"善财龙女洞"。①

中国的民间传说写观世音有搭救龙女之恩,因而龙女日后伴随观世音,表现了中国百姓知恩必报的传统感恩心理。也从另外一个侧面体现了观世音的慈悲情怀。

在中国本土文化的框架上,早就有龙女的传说,唐代李朝威的"柳毅"就是一个著名的龙女故事。洞庭龙君的小女嫁给了泾川的次子,龙女对柳毅述说其"夫婿乐逸,日以厌薄毁黜以至此"。堂堂男子汉柳毅满腔义气,决定向龙王报信。龙王得知,"掩面而泣,左右皆流涕"。为感谢柳毅的仗义行为,不仅赠遗珍宝,还给他介绍婚姻。在洞房花烛之时,柳毅没有想到,他的妻子竟是龙女,多情的龙女说:"衔君之恩,誓心求报,今日获君,死无恨矣。"这个传说的主旨是报恩,中国人讲受人以恩惠,必要报答,所谓"你给我初一,我给你十五"。活着不能报答,死后做牛做马也要相报。在中国民间信仰文化的框架上,往往存在着善恶相报的思想,报恩情结蕴含着弃恶从善的思维定式和本性善良的心理,这一思维定式和文化心理已经积淀于民众朴素的信仰中。龙女受夫虐待及柳毅与龙女喜结良缘,都折射出中国传统社会的家庭观和婚姻观,具有鲜明的本土文化特色。

在中国,不但百姓喜欢龙女,龙女的传说也在上层传播。宋乐史

---

① 顾希佳编:《菩萨外传》,上海文艺出版社1989年版,第42页。

大士導人在一指端云
何擾兒嘿而不言我知
其中無意可指根在塵
空木石自語

龙女请观世音

《杨太真外传》里记载唐玄宗梦见龙女的传说。凌波池中的龙女请皇帝抚琴，唐玄宗演奏《凌波曲》。梦醒后，他果真在凌波池前演奏其曲，池中"波涛涌起，复有神女出池心……"。

在中国人的观念里，龙女不是女神，而是多情多义的中国少女。唐代的民间和宫廷都有龙女祠。唐岑参《记龙女祠》就是一例。这里记载在祭祀龙女的时候有敬酒击鼓的习俗，可谓隆重。正是因为在中国本土文化的框架里有崇拜龙女的习俗，所以中国百姓在接受印度传来的观世音的同时也接受了龙女。在中国民众的知识结构和思维中，他们可能不大知道佛教龙女的来源，而把很多民间龙女的故事附会在观世音和龙女身上。

观世音以普度众生为己任，龙女既为观世音所救，愿协观世音抢险救厄，因此做了观世音的右胁侍。王应吉《戒杀衷言》云：

> 明万历间，吉奉使命，便道还里，忽大病，恍惚有人异予行。旋堕水见鳞甲种种来前，自念昔啖此，今为难矣。忽有人扶登崖上，则观音大士倚崖坐，善财龙女旁列，予叩拜，大士曰："汝本

龙女

龙女参拜观世音

善知识转身，素虔奉我，今因杀生，故有是病。若戒杀，当愈。"予谨受教。大士出醍醐，色黄碧，饮之味清冽，及觉，余香犹在唇间也，病渐愈。

龙女的神职功能是与善财童子一起扶助观世音成就其度厄济人之业，中国人在崇拜观世音的同时，也崇拜伴观世音的善财龙女。明末刘某朝南海，忽见水面现二莲花，一立童男，一立童女，随见大士坐大莲花。这属于信仰层面，也属于艺术层面，这里的艺术形象多为神灵物化观念的象征，渗透着民间对神灵的虔诚。

三、观世音与妈祖

在步入现代化的时候,我们不能不回首海洋,浩浩渺渺的海洋把中国与世界相连,成为一个地球村。海洋对人类、对生命的价值是无比巨大的,可以说,没有海洋,就没有生命,更没有人类。海洋创造了生命,也维系了生命,历史上漫长的渔猎时期至今,人类在创造农业文化、牧业文化的同时,也创造了无比丰富的海洋文化。妈祖信仰就是我国海洋文化的重要组成部分。

早在宋代,就有各种关于妈祖生平的记载。说她是巫女,她有名有姓,有声有色,有踪有迹。说她是民女,她出海入海,变化万千,庇护渔民。于是当一叶扁舟颠簸出海之时,纯朴的渔民怀着生命的渴望在祭祀妈祖;当郑和下西洋之时,那遮天蔽日的船队也在向妈祖祈拜。于是沿海地区的各大城市都出现了妈祖庙,妈祖得到皇帝的册封。妈祖信仰逐渐兴盛,绵延至今。妈祖的神职也逐渐繁重,从一岛一域的海神上升为中国最有影响的海神,并且担当起主生育、主祛病,以及战神、保护神等多种角色。

我国沿海地区有众多的妈祖庙,年代较久远的妈祖宫庙有建于1086年的莆田圣墩天后宫,北宋元符初年(1098—1100)的仙游枫亭天后宫,以及蓬莱阁天后宫(1122年)、庙岛显应宫(1122年)、莆田白湖天后宫(1157年)、泉州天后宫(1196年)及天津的天后宫等。据不完全统计,中国台湾地区共有妈祖庙500多座,港澳地区妈祖庙有50

天后圣母

多座。世界各地如日本的神户和长崎、新加坡、印尼、越南、泰国、马来西亚,甚而至于挪威、丹麦、法国巴黎、加拿大、美国檀香山和旧金山等地都有妈祖庙宇或祀奉场所。在我国,湄洲妈祖祖庙的"妈祖祭祀"和山东的"孔子祭祀"、陕西的"黄帝祭祀"并称为中国三大传统祭典。妈祖文化由妈祖庙宇、妈祖祭祀、妈祖信仰的灵验事迹、妈祖信俗的民间组织等构成。经过我国的申报,妈祖信俗已经被联合国教科文组织评为世界级非物质文化遗产。

在谈到妈祖信仰时,常常将她与观世音相提并论,在不少妈祖庙中,妈祖的造像与观世音的造像同时出现,有的前为妈祖,后为观世音。更有意思的是,元代的记载直接称妈祖为"观世音"。观世音为佛教之菩萨,天妃则是中国民间的智慧独创。为什么中国百姓把妈祖和观世音并列?观世音和妈祖又有什么必然联系呢?

在民间信仰中,妈祖与观世音之间存在着密切的联系。海神妈祖的出生与观世音有关,据文献记载:

> 天妃,莆田林氏女,父惟悫,为宋都巡官,行善乐施,礼大士求子,后母梦大士曰:"汝家世敦善行,上帝式佑,出药丸云,服此当得慈济之贶。"道妊,诞时霞光射室,晶莹夺目,异香氤氲,

弥月不啼,因名默。十龄后,育经礼佛不少懈,后窥井得符,遂灵通变化,驾云渡大海,众号为通贤灵女。宋雍熙四年重九,白日飞升。①

《三教源流搜神大全》卷4记载,妈祖名林默,其母"尝梦南海观音与以优钵花,吞之,已而孕,十四月始娩身,得妃(林默)","诞之日,异香闻里许,经旬不散"。她刚满一周岁,尚在襁褓中,见诸神像,即"手作欲拜状"。她五岁就能颂观世音经,十一岁能"婆娑按节乐神"。②

从这些记载可知,妈祖林默是其母吞食观世音给予的优钵花而出生的。虽然药丸换作优钵花,但仍然是观世音菩萨所赐。怪不得妈祖具有神异功能呢。妈祖与观世音的缘分是从娘胎里带来的,妈祖天生就具备观世音的神格及观世音救助他人的文化品格等,妈祖有观世音的文化基因。

妈祖林默在成长过程中一直受到观世音经的教育,观世音经影响和塑造了她助人救人的文化品格。观世音菩萨和海神妈祖都是中国百姓尊崇的神,那么她们的共同神格是救助他人。一方面,她们的身上折射出佛教中的般若智慧;另一方面,又与中国百姓的价值观和道德观结合,闪现出中国人的善良智慧之光。

再说中国民众称妈祖为龙女,而龙女与观世音关系密切。丁伯桂《顺济圣妃庙记》载妈祖生平云:

神,莆田湄洲林氏女。少能言人祸福,殁称道贤神女,或曰龙女也。莆宁海有堆,元祐丙寅,夜现光气。环堆之人,一夕同梦

---

① 佚名:《三教源流搜神大全》卷4,中华书局2019年版。
② (清)林清标:《敕封天后志》,莆田文化新闻局2013年版。

曰："我湄洲女也，宜馆我于是有祠，曰圣堆。"

《铸鼎余闻》卷1引潜说友《临安志》："神为五代时闽王统军兵马使林愿第六女，能乘席渡海，人呼龙女。"《古今图书集成·神异典》卷28载：妈祖"长能乘席渡海，乘之游岛屿间，人呼曰神女，又曰龙女"。

为什么妈祖称为"龙女"？其一，龙女是中国百姓喜闻乐见的美好形象，龙女又是观世音的胁侍，而具有观世音遗传基因的妈祖当然可称为龙女了，何况又同为海神。其二，观世音的胁侍龙女会巫术，在中国民间信仰里，变幻莫测的观世音也会巫术，妈祖本是个巫女，她能乘席子海上飞行，能骑铁马渡江，能于岛屿中漫游，能化惊涛骇浪为风和日丽，当然是精通巫术的。这是妈祖信仰和观世音信仰在民间层面上的叠合。在民间信仰发展的过程中，中国百姓往往把自己的生活智慧灌注于其中。妈祖与龙女的叠合在他们看来顺理成章，天经地义，这是民俗的法则，民意的积淀。

在百姓的心目中，海神妈祖具有在海难中救助的功能。《三教源流搜神大全》卷4记载：

> 兄弟四人业商，往来海岛间，忽一日，妃手足若有所失，瞑目移时，父母以为暴风疾，急呼之，妃醒而悔曰："何不使我兄弟无恙呼？"父母不解其意，亦不问之，暨兄弟赢胜而归，哭言前三

日飓风大作,巨浪接天。弟兄各异船,其长兄船飘入水中耳。且各言当风作之时,见一女子在牵五两(舡纲蓬桅索)而行,渡波涛如平地,父母始知,她向之瞑目,乃出元神救兄弟也,其长兄不得救者,以其呼之疾而神不及护也,恨无已。①

中国国家博物馆馆藏的《天后圣母事迹图志》中用图画的形式描述了上述情境。并有一段说明:"时值九秋,后父兄两舟济海,西风正急,波涛震奔,后方织忽心动,遂闭睫神驰,手持梭,足踏机轴,若有所挟而控失之意。"②

妈祖与观世音一样,在救助时可以因情施救、因人施救,有各种不同的方法。上述的是"手持梭,足踏机轴",还有"草化木垂救商船"。《天后圣母事迹图志》上册第八幅说:

屿西有山曰门夹,当港口出入之冲,石礁错杂,有商舟渡此遭风,舟冲礁浸水,舟人哀号求救,众莫敢前。后乃持草数根,化成大杉,排驾至前,舟因大木相附,得而不沉。

而观世音信仰的起源也是从救"黑风海难"和"罗刹鬼难"的地方兴起的。《佛本行集经》载:"于大海内,有诸恐怖。所谓海潮,或时海风,水流漩洄,低弥罗鱼蛟龙等怖。诸罗刹女。"③《大乘本生心地观经》说:"乘大舶船,入于大海,向东南隅,诣其宝所。时遇北风,漂坠南

---

① 佚名:《三教源流搜神大全》卷4。
② 《天后圣母事迹图志》,中国国家博物馆馆藏。
③ 《佛本行集经》60卷,隋代开皇七年到十一年(587—591),阇那崛多译,僧昙、费长房、刘平等笔受。

水月慈悲：观世音在民间

观世音与妈祖

海，猛风迅疾，昼夜不停。"①《观音慈林集》载："清潘国章，粤人一日还乡，至三水，遇风覆舟，潘一心念大士名，直踏海底，信步而行，斯须达岸，所济路费，仍在掌中。"②又言观世音也居南海，《华严经·入法界品》也说："于此南方，有山曰光明，彼有菩萨，名观世音。"因此观世音也称南海观世音。观世音有"南海大士"之称，也能海中救险。《法苑珠林》载：

晋徐荣，山东琅琊人。尝至东阳，还经定山。舟人不习水道，

---

① 《大乘本生心地观经》8卷，唐代般若译，略称《本生心地观经》、《心地观经》，收在《大正藏》第3册。
② 《观音慈林集》3卷，清代弘赞编于康熙七年（1668），收于《卍续藏》第149册。

误堕洄洑中，垂欲沉没。荣无复他计，惟至心呼观音名。须臾，如有数十人齐力牵引者，顷时涌出洄洑中，沿江而下，日已暮，天大昏暗，风雨均厉。前驶不知所向，而涌浪转盛，船几欲覆。荣至心诵佛经不辍，忽望见山头有火，烈焰炽盛，激照江心，回舟趋之，安然达岸，既至，光息，无复所见，明日问浦中人，昨日山上是何人，众愕然曰："风雨如此，火自何来。"乃知佛力冥佑矣。

上述诸例都说明，两位女神都有海上救溺的功能。

妈祖信仰与我国海洋文化的发展息息相关。至元一代，我国的海运在宋代开拓的基础上更加发展，起码可以分为两条航线，一为南洋航线，一为西洋航线。元代海上丝绸之路东面可以到达日本、高丽；西面可以到达中亚、波斯、阿拉伯半岛，以至地中海东部和东非海岸；南面可以到达南洋诸国以及印度半岛。我国与南亚诸国的贸易非常昌盛，其中主要包括南毗、注辇、故临、细兰等国。南毗国的商船也可以直达我国的广州、泉州等港口。海运的发展和海难的风险促进了妈祖信仰的发展。《元史·祭祀志五》载："惟南海女神灵慧夫人，至元中以护海运有奇应，加封'天妃'神号，积至十字，庙曰'灵慈'。"妈祖能护佑人们经风险如履平地，因此在航海人的心目中，认为她是"上帝有命司沧溟，妪疫百怪降魔精，囊括风雨雷电霆，时其发泄执其衡"的神明。在这里，我们要注意一个称呼的改变，即妈祖，这位海上的保护神，被封为"天妃"，这是上层统治者的敕封，而且进入了国史的《祭祀志》。民间直接把妈祖视为观世音的化身。黄什昭《圣墩顺济祖庙新建蕃釐殿》："妃林氏，眉州故家有祠，泉南、楚、越、淮、浙、山峡海岛，在在奉祭，普陀大士之千亿化身。"过去民间流传一种《观世音菩萨说天妃救苦灵验经》，这部经典的名称就把观世音与妈祖联系在一起。民众对妈祖信仰和观世音信仰联系在一起的认同，促进了妈祖神祇功能的扩展，而妈祖神祇功能的扩展，又促进了民众对于观世音与妈祖的双向认同。

观世音可以给人治病，解救人类的痛苦。民间创造的海神天妃娘娘也具备这个功能。据《敕封天后志》载：

> 明洪武间，吕德出镇海边。病甚危笃，求祷于神。一神女梦寝间，俨然降临，命侍儿执丸药，辉莹若晶珀，示之曰："服此可驱二竖。"正授而吞之，遂寤，香气犹蔼蔼未散，口甚渴取汤饮，呕出二物，顿觉神气爽豁，宿疴皆除，遂如常。①

妈祖的法力愈来愈大，从她在海上"驾风一扫而去"，又增加了抵制旱灾和水灾的功能。据载宋淳熙年间，"岁屡旱灾，随褥（神）随应"。人们崇拜观世音，因为观世音应声即现，帮人渡过厄难的特点更符合汉民族尚义仁慈的性格特点，人们在创造妈祖这位新的神祇的时候，也同样赋予她这样的职能。

在现实生活中，观世音尤其与中国妇女结下了不解之缘。观世音是广大下层妇女的保护神，她的神力之一是能够使妇女得到切盼的儿子。在民间制作的工艺中，人们塑造了琳琅满目的送子观世音像，观世音怀抱胖乎乎的娃娃，给不育妇女带来了莫大的欣喜。有意思的是，这位依据文献记载只活了27岁的天妃也具有帮助妇女生儿育女的功能。《绘图三教源流搜神大全》载：某个小城一妇女，祈祷高禖神多次而没有得子，

---

① 《敕封天后志》，转引自李露露：《妈祖信仰》，台湾汉阳出版股份有限公司，1995年，第152页。

或遇惡羅剎 毒龍諸鬼等
念彼觀音力 時悉不敢害

观世音菩萨普门经，清，连环画

后祈祷妈祖而生男。

香港九龙的天后宫设有天后娘娘的寝室，室内设有龙床。每逢农历三月二十三日神诞日，婚后尚未生育的妇女常来这里拜娘娘，只要给庙祝些钱，就可用手触摸一下天妃娘娘的床，得到"早生贵子"的美好祝愿。湖南湘西观世音庙很多，当地有这样的习俗：为祈求生子而给观世音做一双鞋，先给观世音穿上一只，待生子后再穿上另一只。这两位女神的功能何其相似。

天妃还具有抚育幼子的功能。据《台湾县志》卷2载：天后庙在西定坊，今莆田林氏族妇人饲子者，将往田园或采捕，以其儿置庙，祝曰："姑好看儿去，况日儿不啼不饥，不出阈，暮各负以归，盖神之笃厚宗人又如此。"天妃本为海神，在历史上实有其人。实用的心理，改造了人们创造这些神灵的初衷，也改换了这些神灵本来具有的内涵。

作为女神，妈祖与观世音都有化身。台湾传说中，妈祖有不同的面孔：红面妈祖，爱穿红衣，形同凡人，是她的本来面目；乌面妈祖，脸呈黑色，是她救难时的形象；金面妈祖，脸呈金色，是她得道后的形象。观世音菩萨则有著名的三十三化身。无论怎样变身，她们美丽动人的面容、端庄秀丽的姿态、仁慈护佑的神格始终是世俗之人孜孜以求的信仰。

观世音与妈祖都为女性，一位显相往往是女菩萨，一位是中国的海洋女神。以男权为主的中国传统社会中，信仰的神祇也以男性为主，而在人类社会中，女性又是客观存在的一股强大力量。由于民众生活的实际需要，民间信仰的女神传承在民俗信仰的长河之中延续不断，人们自然地把观世音与天妃这二位女神联系在一起，显示了中国女性的创造力与影响力。

第六章

面对人生的百年忧患

当人们开始认真地思考人生的价值及人类在自然界的位置的时候,不能不感叹人生的短暂和自然的永恒,"人上寿百岁,中寿八十,下寿六十","人生七十古来稀",可见旧时活到七十的人并不太多。况且倏忽而过的人生又要经过种种磨难。佛教认为人生充满了苦难,生苦、死苦、老苦、病苦、怨憎会苦、爱别离苦、求不得苦、互取蕴苦等等,乃至有110种苦,无诸量苦。人生的生老病死、生离死别是事实,"譬如朝露,去日苦多",无怪于人们醉酒服药,尽情享乐,肆意放达,虽如此,人们却终究摆脱不了死的威胁与病的折磨:"吾不视青天高,黄地厚,惟见月寒日暖,来煎人寿。"追求长寿、追求永生始终是个体生命所孜孜追求的主题。在人生的百年忧患面前,民间的观世音信仰又迎合了世俗人们的需要。

柳枝观世音菩萨，宋，绘画，俞满红临绘

一、杨枝净水的奥秘

面对茫茫宇宙，人类是伟大的，也是渺小的。说其伟大，是因为人为万物之灵，人类从混沌初开中创造了一个适应自己生存的世界；谓其渺小，不仅其形体无法与浩瀚的宇宙相比，而且人类与充满着怪诞、荒谬的异己力量的周遭环境时时发生冲突。有这样一则故事：

> 伟大的波斯王泽克西斯在看到自己统率的浩浩荡荡的大军向希腊进攻时，曾潸然泪下，向自己的叔父说："当我想到人生的短暂，想到再过一百年以后，这支浩浩荡荡的大军中没有一个人还能活在世间，便感到一阵突然的悲哀。"他的叔父回答："然而人生中还有比这更可悲的事情，人生固然短暂，但无论在这大军之中或别的地方都找不出一个人真正幸福，而且不止一次地感到，活着不如死去，灾难会降临到我们头上，疾病会时时困扰我们，使短暂的生命似乎也漫长难捱了。"[①]

短暂的人生总要受到疾病的困扰，各种天灾人祸都会给人体带来灾难，即使不遇战争、不遇地震，在日常生活中也摆脱不了疾病的折磨。吃五谷杂粮，哪有不生病的。男女老幼、富贵贫贱，谁也逃不掉病魔的

[①] 转引自朱光潜：《悲剧心理学》，人民文学出版社 1983 年版，第 1 页。

杨柳观世音菩萨，明，石刻，俞满红临绘

折磨。在现代医学发达的今天,尚有很多疑难病得不到解决,何况缺医少药的古代。人对浩渺的宇宙的探讨是无限的,人对个体生命的探讨也是无限的。当人们被各种疾病缠绕时,便赋予观世音以治病的功能。观世音治病的功能与佛教宣扬的慈悲观有关。《维摩诘经》云:"一切众生病,是故我病。"① 在民间传说故事里,观世音可以治疗各种疾病,其中包括感冒、头痛、胃疼、中风、浮肿、水泻、伤寒、出天花等等。

观世音能使瘫子起行。《觉世真经说证》载,扬州一瘫痪人病数十年,后梦老妪按摩其体,呼令其起,醒后翻身而起,步履康健。② 观世音能使盲人复明。《观音灵验记》载,宋代王秀才家的婢女双目失明,后来梦见一僧让她饮瓶中所盛之水,双瞳了然,目光炯炯。③《普陀山志》载,普陀山的潮音洞有光明池,光明池又叫"慧泉",明代太后祷观世音而治好了眼病。观世音能够起死回生。《敬信录》载,清休宁吴善堂在乾隆年间得病,奄奄一息,"医谢不救",祷观世音后即减轻。④ 旧时本来医学就不发达,下层劳动人民所受疾病的煎熬更是苦不堪言,其身体的痛苦与精神的痛苦是双重的,况且他们又失去了资源的占有和谋生的出路,他们希望消除那么多的不平和苦难,倾斜的心灵祈望在观世音的塑像前得到平衡。唐湘清居士撰《因果报应录》载:

---

① 维摩诘居士的《维摩诘经》是大乘佛教的早期经典之一,因为此经的主人公为维摩诘居士,故而得名。唐玄奘、宋法戒和尚都曾译过此经。此经宣传在世俗生活中也能修炼成佛。

② 《觉世真经说证》,八函,咸丰年间刻本。

③ 见《印光法师文钞续编卷下·新编观音灵感录序》,记录时间不详。

④ 《敬信录》,自乾隆十四年(1749)初刊至嘉庆四年,凡四五刻。《四库全书总目提要》著录此书。

唐征蛮吴某，亨食白龟，患疮清料，蛋鬃，手足指，皆堕落，乞食安南市，有僧谓曰："汝可念观音大悲真言，必获喜报。"口授之，卒一心念诵，疮瘢渐复，手足指重生。

吴某是个下层士兵，全身溃烂可谓病入膏肓。观世音没有遗弃他，反而治好了他的病。在人不能主宰自己命运的时候，他们到底心归何处呢？人的本质在于人的创造，英国生物学家赫胥黎严格地区别了人与动物之后，高度赞誉了人的创造力。

人类好像是站在大山顶上一样，远远高出于他的卑贱伙伴水平，从他的粗野本性中改变过来，从真理的无限源泉里处处放射出光芒。①

但是人的创造往往被身体的疾病与精神的苦闷折服。尤其是疾病对人的折磨更痛苦、更直接、更具有摧毁力量。人类力争战胜病魔，因而赋予观世音以奇妙的神力。因而人创造了宗教信仰。在这里，幻想与现实、精神与物质的界限被打破了，出世与入世的世界是浑然一体的。但是由于生命过于脆弱，命运过于悲惨，希冀过于强烈，这正表现人们顽强执着的对生命的追求和渴望。

观世音可授以灵药。在旧时缺医少药的环境中，人们祈望灵丹妙药。文人记载和民间都流传着观世音授以人们灵药的传说，另外人们也把民间偏方的发明加在观世音身上。《高僧传初集》载观世音以蛇所吞

---

① 〔英〕赫胥黎：《人类在自然界的位置》，《人类在自然界的位置》翻译组译，科学出版社1977年版，第103页。

除疾病观世音

鼠的涎液治癣。传说中也有用膏药治病的。

观世音可施以手术。我国中医早就掌握了对人体的解剖，并能施行一些手术。人们幻想观世音也能通过手术解除病魔。《勉戒切要》载，名为杨盛鸣之人"忽得膨症，腹缠青筋，砭药俱穷"，这时梦见观世音"以针自腹挑起，渐至颈坝，以剪剪断……青筋除而疾愈"。[①]《观世音菩萨灵验记》载，徽州陈青云幼年得病，后祈观世音，梦一神持沐盆，一神剖其腹而洗之，尔后病愈。观世音可以治疗虚肿病。唐时，僧人无漏，是新罗国的王子，从中国到西域葱岭，听说某寺有观世音像，祈祷必有灵应。于是，他站在观世音菩萨像前，发愿入定四十九天。未满期时，他患了虚肿病。不久，有只老鼠，小如弹丸，咬破他的小腿胫骨，流出脓一斗左右，他的虚肿病痊愈。

观世音治病的功能有据可依。在《千眼千臂观世音菩萨陀罗尼神咒经》卷上，同样提到千手千眼观世音治疗瘟疫的事迹。

> 昔罽宾国有疫病流行，人得病者不过一二日并死。有婆罗门真谛起大慈悲心，施此法门救疗一国，疫病应时消灭。时行病鬼王应时出离国境，故知有验耳。[②]

佛经里说，观世音不仅治一人之病，而且可以治疗流行的瘟疫，功莫大焉。可见民间信仰观世音与佛教经典中的观世音一脉相承。

在民间的信仰世界里，观世音治病有各种各样的方法，其中包括观世音手持的柳枝与净水瓶。在中国的民间传统里，观世音常常身着白

---

① （清）孙廷锷编：《勉戒切要》，清同治十二年刻本。
② 《千眼千臂观世音菩萨陀罗尼神咒经》卷上，《大正藏》第20册。

衣，手持净水瓶，相传这圣水"积岁不坏，大寒不冻"。只要病人饮净水瓶中的圣水，顿觉身心清凉，病者即愈。敦煌莫高窟276窟隋代壁画有观世音右手持杨柳枝，左手持净水瓶的形象，此菩萨低垂的双目极富同情感。在古代印度，人们认为杨柳枝可以消灾除病，如不空三藏所译的《千手千眼观世音菩萨大悲心陀罗尼经》讲到千手千眼观世音四十二个大手臂中的一个手持杨柳枝时说，身患种种疾病，应手持杨柳枝颂念真言，杨柳枝可以驱除病魔。还有人认为以杨柳枝旺盛的生命力比喻佛法的兴旺，而弘扬佛法可以免除疾病的灾难。佛教认为，观世音手持的净水瓶里有甘露水性本空，水不自生，水不他生，水不共生。水具有八种功德：澄清、清冷、甘美、轻软、润泽、安和、除饥渴、长养诸根。净水遍洒大千世界，洗凡尘、除污垢、润群生，灭除诸种烦恼。

据民间信仰观世音印可以治病。"观音并印，印身上方，病随印消散。……若眼疼，印之并得，立差（瘥）。吞之带之印身印照随心用。"疰病包括两种类型的病：（1）疰，也作"注"，是慢性传染病，《释名》云："注病，一人死，一人复得，气相灌注也"；（2）疰，中医外科病，流注之意，指脓疮。按照佛教说法，疰病用观世音印一照就好。①

从以上可以看出，观世音治病采取了各种各样的方法，我们无须用科学的态度考虑其是否真实，而要探究其中蕴含着的诸种文化因素。重视生命，尊重生命存在的价值是佛教慈悲观念的基础。唐时，长安（今陕西西安）的云华寺，寺西北隅有座观世音堂。

观世音印

---

① 高国藩：《中国民俗探微——敦煌古俗与民俗流变》，第77页。

建中末，百姓屈俨患疮且死，梦一菩萨摩其疮曰："我住云华寺。"岩惊觉汗流，数日而愈。因诣寺寻检，至圣画堂，见菩萨，一如其睹。倾城百姓瞻礼，俨遂立社，建堂移之。①

佛教禁止杀生，在分析病人的病因时常劝人放生戒杀，宣扬了佛教尊重一切生命的同情心和慈悲心。此外，还融合着道教的因素。道教的道术之一是符箓，认为服符水、佩符图就可以避灾免疫，太平道的张角就以符水咒语为人治病。观世音印的出现与道教的"符箓"形式相同。道教还讲究气功养生学，认为人秉精、气、神而生，若能使三者结合，常住不离，就可以达到长住久视。观世音治病就用了行气法。《太上感应篇》为道家之经典，劝人广积善行，诸恶莫做，在观世音治病的过程中，也有此内容出现。

佛教传入之前，中国社会就存在着以儒家为代表的血缘第一，家庭本位的伦理道德观念，其核心为孝亲观。儒家把"孝亲观"与"忠君事"相统一，所谓"忠臣以事其君，孝子以事其亲，其本一也"，这成为封建宗法制度的基础。在一些故事中，观世音正是因为病人以孝为本、以孝为先，所以慷慨帮助，这是儒家思想的渗入。尽管儒、道、释三教，教义、教理不同，但是民间却热衷于对其兼收并蓄，驱邪治病，一求观音、二求老君、三求城隍、四求阎罗。据20世纪30年代日本人在中国华北进行的信仰与民俗调查，在河北顺义沙井村的观世音庙中"第一层，关帝；第二层，娘娘、财神、龙王、上地、青苗、二郎爷、托塔天王、转抱；第三层，佛、文殊、普贤、圣人"；又据中国学者在1930年左右的调查，重庆道士设斋时念《金刚经》《观音经》《般若经》，广东顺德道士赞星仪式上颂神名号有"大慈大悲观世音菩萨"。

---

① （唐）段成式：《酉阳杂俎》，中华书局1981年版，第250页。

安溪的城隍庙安着观世音大士的座位,每年七月初一竖"普渡旗",在观世音座前悬灯笼一对,上书"植福普度、盂兰盛会"八个大字,城隍还给观世音鸣锣开道,张贴告白。民间信仰往往同时吸收了佛教、道教、儒教的意识,又融入了民众自己的意识形态。

观音经,现代,纸马

二、生命长寿的渴望

民间流传秦始皇派徐福去寻求长生不老之药的传说似为笑谈,其实,渴望长命百岁、益寿延年的心理成为中国民间深厚的文化积淀。的确,与广阔的宇宙相比较,人的生命太短促了,因此人们相信食人参果和何首乌能令人长生不死,相信长在四季常青的松树下的茯苓、硕大的蟠桃、万年的神龟都有使人长生的功效,相信给婴儿吃百家饭、穿百家衣、挂长命锁都可使婴儿长命富贵。其实,不仅平民百姓,就连热衷于功名利禄的士大夫也发出"借问蜉蝣辈,宁知龟鹤年"的喟叹。在华夏这块土地上土生土长的道教就是讲长生的,《集仙箓》引太玄女颛的话说,人处世"一失不可复得,一死不可复生"。《天隐子》序文第一,就讲"神仙之道,以长生为本"。为此,道教推动了汉民族长达两千多年的求仙运动。在民间,追求长生不死享乐无期的意向,始终占据着芸芸众生的心灵。

如前所说,道教讲今世,佛教讲来世。佛教的根本宗旨是深感人生痛苦和世间忧患,而以超越现实的解脱涅槃为最高境界。可在中国民间,人们信仰观世音,却认为观世音可以使人常住久存,其乐陶陶。《高王经证验》记云:

  汪德成,幼梦老僧谓曰,汝大数只十八岁,晨起白父,以梦幻未信也,立愿广济,刊登印施,施棺周急,踊跃立行,后复梦老僧

持寿桃的观世音

曰，江儿不但免夭，可期望颐矣，果寿九十余。观音可使寿数十八年之人活至九十年，祈祷观音，可以活到九十九。

《高王经证验》又记："铜山李绍庭，七十元子，抚孤侄，甫四龄，疾笃，庭早晚诵经，并梓送，侄愈，庭生一子，年十六，与侄同游泮，庭年九十九。"在民间传说里，观世音使人增寿的事例比比皆是，有人唇掀齿露，非寿者相，祈祷了观世音，容貌改变，从而长寿。

《劝诫类钞》载一近代事迹：

山西太谷的程嘉猷，刻《观音经》、《金刚经》和《感应篇》等，但未印刷送人。他忽然患病，水米不进。梦见观音大士告诉他："你四十一岁，寿尽了。因你刻了诸佛经，现放你回去，你应立即印刷、流传。"程苏醒，照办，病很快就好了。

不管是官吏还是庶民，不管是身康体健还是水米不入，不管是亲自恳请还是替亲人祈祷，只要信奉观世音，均能应验。尤其对于下层的百姓来说，信仰本来就是精神寄托，而不管这信仰的究竟是什么，应验本身就是最大的满足，而不去追究这应验的原因究竟是什么。从心理学的角度讲，笃信置人于浓烈、炽热、冲动、迷狂的情绪中，而没有必要去追究因与果。

人类重生惧死，希望长活于世，连口称"未知生，焉知死"的孔子在其弟子颜回去世时也发出"噫，天丧子，天丧子！"的感慨。人们忌讳谈死，但是，"人固有一死"，所谓"将军头上一棵草"、"蒿里谁家地，聚敛灵魂无贤愚"都暗示了死亡的既定性，这样活着的人就产生了永生的渴望，人们产生了"灵魂不死"、"死即再生"的观念。人们将人死后的灵魂称为"鬼",在汉民族的信仰里泰山是鬼魂聚集的场所。《博物志》云:"泰山,主召人魂。"在东汉陵墓出土的镇墓券中,也常有"生人属西安,死者属泰山"的说法。在民间信仰里,泰山绝非福乐之地,而是满布八手四眼神、牛头人身鬼等等。《搜神记》卷16云:为鬼之人在泰山"憔悴困苦、不可复言"。而观世音能把人从鬼域中解救出来。《一行居集》载:

福神

> 清常州柏万安,乐善不倦,乾隆时母病安自苏州驰归,母气绝,众治棺衾,安悲恸,祷大士,诵白衣咒万二千,愿减己寿益母,母竟苏,数日病起曰,初为二吏引去,历上地城隍,再诣东岳,岳君言,汝如诚祷,仗大士贤汝死,遂放还,安更劝母停净业,后得升西。①

在民间信仰里,人们把泰山阴曹地府的观念与佛教的地狱观念联系在一起,汉化了的月支族后裔支谦和尚在翻译佛教经书《八吉祥神咒经》时即云"泰山地狱饿鬼畜生道"。有的故事传说详细地描述了地狱

---

① (清)彭绍升:《一行居集》,道光年间刻本,现佛学院再印,印光大师称赞此书"诚为净宗之一大护卫"、"若文若理,通通皆好"。

的情景：目击受苦者多有群鸟啄目，血流被体，群鬼剜人肉。地狱如此阴森恐怖，人思之股颤，望之生寒。观世音使人延长寿命，使人摆脱了阴森恐怖的境界。

在《新齐谐》①这部书里，记载了翰林蒋心余被观世音挽回的情景。蒋氏被阎王召去为官，只见冥殿"上设五座，案积如山，吏指第五座曰，此公位"，虽是为官，但冥界毕竟是森严可怖的，"地狱深黑，不可测"。蒋氏祈观世音后来到人间，他的朋友见他脸色"面若涂煤，鬼气袭人"。书中描述冥界的森严可怖，是为彰扬观世音具有起死回生的力量。在暗黑如漆的鬼魅世界，人可以感觉"恍有手把吾左臂而行者，渐觉光明如白日，见大士现妇女身，璎珞被体，璀璨照耀，相对端严"，远在天边的观世音为使人延年益寿来至人的眼前。这是一个冥想的世界，却表现人们对生命萎缩的反抗和对生命生气的追求，这样我们就可以对千百年积淀氤氲的文化心理抱有理解和宽容了。

人间认为观世音使人延年益寿是有条件的，只有行善惩恶，才能长寿，否则，将被打入冥界。《玉历宝钞》载：

酉阳袁凝姑，遭产难，魂至冥。王阅簿曰："此妇过犯颇多，命鬼押交二殿受罪。"一官呈簿口，钱袁氏劝止翁姑焚虫蚁三次，又劝夫刊戒杀文五千张，捐资印送鱼篮观音放生经三千张，玉帝准增寿三十年矣，王起立合掌，称善哉善哉，命返回阳，遂苏。②

---

① （清）袁枚：《新齐谐》，古代中国神话志怪小说集，共24卷，初名《子不语》，河北人民出版社2000年版。

② 《玉历宝钞》，成书于清雍正时期，是一本传抄已久的"阴律"善书。相传一名法号"淡痴"的修行者游历地府，将此书从地府带出。

寿星观世音菩萨,明,陈洪绶绘

钱袁氏之所以能增寿三十年，是因为其生前"戒杀"、"放生"，笃信佛教。在黑暗的现实中，"行善的受贫穷命更短，作恶的享富贵又寿延"；因此，人们信仰冥界可以公正。鸠摩罗什所译的《摩诃般若波罗蜜经》显示了高超的智慧，只有具备了这种智慧，才有高超的神力和方便。《阿毗昙心论》云："若业现法报，次受于生报，后报亦复然，余则说不定。"以因果报应说劝说人们止恶扬善，把人在阳间的寿数与善行联系在一起，只有行善、读经、信仰观世音，方可长寿。正如中国民间说：善恶有报，行善积德。

在中国的民间信仰里，黄泉、泰山、蒿里是鬼魂生活的地方，渐渐为佛教构置的冥界所代替了，其因果报应论更有令人信服的力量。前述钱袁氏之事不仅宣讲佛教中的"六道轮回"，还引入了玉皇大帝。玉皇大帝的原型源于上古的天帝崇拜，后为植根于中国土地上的宗教——道教所吸收、改造，成为至尊无比的神祇，管辖着一切天神、地祇、人鬼。既如此，当然可以裁夺冥界的善恶了。观世音作为一种民间信仰，其特点之一就是不确定性或称模糊性。平民百姓不求溯源，只求实用，在受到生老病死的威压的时候，往往会情不自禁地将自己头脑里所信仰的神祇信手拈来，只要能长寿，管他是玉帝还是阎王。

《梵网经》①中有"是菩萨应起常住慈悲心、孝顺心、方便救护一切众生"的说法，人们还把佛教的慈悲观与儒家的孝亲观联系在一起。《见闻录》记一事：

> 清溧水汤聘，家贫奉母孝。忽病亡。至东岳，聘哀求老母无

---

① 《梵网经》（*Brahmajāla-sūtra*），佛教大乘戒律经典，全称《梵网经卢舍那佛说菩萨心地戒品第十》。后秦鸠摩罗什译，上下两卷。过去相传梁释慧皎曾撰《梵网戒义疏》，后有多人传译。

人侍奉，帝送孔圣裁夺，归遇普门大士，哀诉求生，大士曰："此孝恩也。"且曾拒奔女，当前程远大，可忽令还魂，鬼谓尸腐奈何，大士命善财取年尼泥，色若梅檀，以泥围尸三匝，腐料者完好如常，魂从口入，遂回生，后举顺治朝进士，斋戒终身。

死在阴间何以求孔圣人裁夺？孔子何以有了平判人间是非功过的地位？原来，死者为孝女，孝女夭折，如何行孝？所以观世音定要还魂与她。在这里不仅把佛教的慈悲观与儒家的孝亲观熔为一炉，而且融入了原始巫术观念。原始巫术认为人死后灵魂不死。肉体是有形的、可灭的，而灵魂是无形的、永存的。有的民族还认为有好几个灵魂。朴讷的平民，又寄希望于观世音。

人类最深沉的忧患莫过于生存了，从原始人类拿着石刀石斧狩猎到现代化的航天工程、海洋工程、生物遗传工程，从原始人类重巫信鬼到今天人类向包括癌症在内的各种疑难病症的攻坚，几万年来，人类孜孜不倦的活动与创造都是为了赢得更长久的生存时间与更广阔的生存空间。孔子的"朝闻道，夕死可矣"，庄子的"天地与我并生，万物与我同一"，虽表现了对人生的旷达，但其心态是对人生短暂的喟叹和对人生自由的追求，而道教的吸引力正在于抓住了"圆首含气，孰不畏死而乐生"的主题，把人引导到永生永存的世界。观世音使人长寿的应验故事之所以广泛流传，也正是由于人类强烈深沉的生命意识的搏动，人类在追求生命的博大与永恒。其潜在的心理背景正是荣格所说的"沉睡着的人类共同的原始意象"。

三、幸福彼岸的希冀

"生"与"死"是人类思虑的永恒的主题,不管人类如何希冀长生不老,都总逃脱不了死亡的归宿;尽管人间的人们有穷富善恶的差别,但人生只有一次,总摆脱不了死亡。"啊,能够动人,公平有力的死呀……你曾把人们的一切伟大、骄傲、残忍、雄心集在一块,用小小两个字'躺在这里'盖尽一切。"① 佛教认为人定死无疑,没有一个人能逃得脱。人生在世又充满形形色色的痛苦和烦恼,即所谓"苦海无边",而要彻底摆脱人生的烦恼和生死的羁绊,就应皈依佛教,即所谓"回头是岸"。其最高境界为涅槃:

> 彼佛国土,常作天乐,黄金为地,昼夜六时,雨天曼陀罗华。其土众生,常以清旦,各以衣祇盛众妙华。……彼国常有种种奇妙杂色之鸟,白鹤、孔雀、鹦鹉、舍利、迦陵、共命之鸟,是诸众鸟,昼夜六时出和雅音,其音演畅。……彼佛国土,微风吹动诸宝树及宝罗网,出微妙音,譬如百千种乐同时俱作。……彼佛寿命及其人民,无量无边阿僧祇劫。②

---

① 梁遇春:《人死观》,《语丝周刊》第 156 期。
② 转引自《古今图书集成》卷 78。"无量无边阿僧祇劫",意为西天极乐世界的众生寿命无限。

佛国是这样的所在：这里没有严寒，春风和暖；这里没有酷热，金秋绵延；这里百鸟鸣转，宛若天乐；这里鼓乐悠扬，宛若莺转。这里是七宝楼台，摆满琼浆玉液，这里生活的佛没有苦闷和烦恼。这就是佛教勾勒的亦真亦梦、亦幻亦实的西方极乐世界。这个世界使处在人生磨难中的人们心驰神往，心旌摇荡：

> 晋释慧虔，自幼出家。戒行精确，义熙中，往山阴嘉祥寺。苦心率众念佛，后寝疾，专意倾向乐邦。诚祈大士，北寺有尼净严，笃行素著。夜梦大士从西门入，辉光照映。幢幡华盖。七宝庄严，尼惊异作礼，问菩萨何往，答曰："往嘉祥寺，迎虔公耳。"是日虔神色如常，侍者皆闻异香，泊然而化。①

观世音在七宝楼台上，亲自把圆寂的僧人迎入了美妙迷人的西方净土。在民间信仰里，观世音不仅普度僧人，也普度平民。《往生集》亦载，宋浙江钱塘人厥氏"日课观音经，念佛不辍"，后病中沐浴后向西坐，仿佛听到遥远的西天之际传来悠扬的鼓乐之声，冥冥之中感到诸圣已至，"观音手持金台，如来接我登座"，已而升西，似达到了幸福的彼岸。②更应提出的是，观世音迎人入佛之境界，打破了贵贱之别，漫漫人类社会的长河中，存在着富与贫、贵与贱的不平等差别。于是，富贵者愈来愈富贵，贫贱者愈来愈贫贱。于是历史的长河波涛滚滚，翻动不已，三十年河东，三十年河西。人间有不平，而众佛所居的地方却是公正的。民间集辑的《果报异闻录》载有这样一个故事：

---

① （明）袾宏：《往生集》，《大正藏》第51册。
② （明）袾宏：《往生集》，《大正藏》第51册。

清代常熟乐门外有一姓张的寡妇，穷苦节志，信仰观世音，时时诵念观世音。后得痫疾，当下一肮脏的破裙，人们把她拖到河中，出现朵朵莲花，五色灿烂。人们很惊喜，说她信观世音，可到西方极乐世界。此事发生在顺治年间。

因笃信观世音，要饭老太婆的破衣裙竟化成了朵朵莲花，老年的女乞丐也超度到了极乐世界。要追溯的并不是这个世界是否存在，而是人们为何笃信？套用存在主义的一句话来说，现实世界就是人的牢笼，命运交响曲并不是一首和谐的田园诗，而是充满了坎坷艰难；生活在大千世界的人，逃脱不了死亡的宣判；人们在现实世界里得不到的——富足、享乐、长寿、永生在信仰的世界里都可以找到。在西方的极乐世界，人们对于生命永恒的追寻与求索得到了补偿，难怪观世音对下层百姓有巨大的吸引力了。

西方的极乐世界是佛教信仰的天堂，与天堂相对照的还有地狱之说。据《观佛三昧海经》载有：阿鼻地狱十八、小地狱十八、寒地狱十八、黑狱地狱十八、小热地狱十八、刀轮地狱十八、剑轮地狱十八、火车地狱十八、镬汤地狱十八。[①]另《十八泥犁经》载有：泥犁地狱、刀山地狱、沸沙地狱、沸尿地狱、黑身地狱、火车地狱、镬汤地狱、铁床地狱、嵯山地狱、寒冰地狱、剥皮地狱、畜生地狱、刀兵地狱、铁磨地狱、冰地狱、铁册地狱、蛆虫地狱、烊铜地狱等十八层地狱。[②]中国民间广泛流传的十八层地狱大抵源于此，但是又经过汉化。清代民间流传的地狱图中就有披头散发的魑魅魍魉，而人在地狱中受到刀山、火海、

---

① 《观佛三昧海经》，又称《观佛三昧经》、《观经》，凡10卷12品，东晋佛陀跋陀罗译，收于《大正藏》第15册。

② 《十八泥犁经》，梵语 Naraka，东汉安世高译。

西方极乐世界图,清,版画(南京)

镣枷、油锅等等各种惩罚,其酷刑之多样,刑罚之残酷,令人心惊肉跳,魂丢胆丧。人们希冀升入天堂,而天堂似乎远不可及,人们惧怕地狱,而地狱似乎近在眼前,此时人们又向观世音呼救。旧时民间辑录的《现果随录》里有这样的记载:

> 吴门王建死至冥,查系误勾,命回生。见地狱,黑焰蔽空,嚎叫如霆吼,三老僧趺坐大树杪。每狱因痛声腾沸时,以净水洒之,声即停息,询之,则观音、普贤、地藏三大士也。在黑暗如漆、痛楚无比的地狱,观音能以圣水抚慰身心受煎熬的无限痛苦的生灵。

又《一行居集》载,清乾隆间,南濠何氏子病热,见其亡叔死拘黑暗狱八年,苦不堪言。近遇观世音大士降临,跪求慈拯,忽得离暗而出。观世音能把人从惨痛无比的地狱中解脱出来。地狱传达的是人们心中蕴积已久的忧患,即在自然、社会的双重压抑下人的精神与肉体都不能获得自由的忧患;信仰观世音表达的是人对摆脱压抑与苦难的向往。天堂与地狱,一个是如此美妙、如此欢畅的七宝楼台,一个是如此残酷、如此令人发怵的苦难深渊。人们当然追求前者,抛弃后者。吴越一带习俗,尸体入殓,葬期无定,或三七,或五七,或百日。南汇风俗,出棺这天,要由长房媳妇哭唱《开大门》,若不唱,死者要被打入十八层地狱。吴江横扇乡有一首《竹水上墩》这样写道:

> 早上念佛心里清,朝朝要念竹水墩,
> 要念十万八千珠光佛,提起朱笔点明灯,
> 挂起明灯两边分,上照三十三天珠光佛,
> 下照十八层地狱尽开门,南照普陀山上观世音,

> 北照金龙万岁坐龙庭，东照日出扶桑国，
> 西照日没无处寻。百年鸡寿归天去，
> 八十岁公公开吉利，哪有明灯借奴拎呢，
> 自己修去自己用呢，阿弥陀佛。

入净土，免入地狱必应遵循两条。其一，生前积善。佛教宣扬善恶相报的道德观念。这种观念与民间惩恶扬善的心理相呼应，在民间广泛流传着这种谚语：

> 做了亏心事，天打五雷轰。人之向善，鬼神保佑。
> 善有善报，恶有恶报，不是不报，时候未到。
> 积善之家，必有余庆，积恶之家，必有余殃。

在历代不公平不合理的社会里，人们把惩恶扬善的希望寄托于神佛。《普陀山志》载，某官虽因焚《法华经》而犯罪，但"因尚爱民，姑罚作牛"，尔后又念观世音经，得到观世音的赦免。人们希求观世音公正地裁判人间的善恶不平。其二，念经信佛。念经信佛是升入西天净土的捷径。这对于囊中羞涩的穷苦百姓来说是最容易接受的方法。《往生集》云：

> 宋学士张抗，积善回向。于佛前发誓，颂大悲陀罗尼十万遍，求生净土。年六十余，寝疾，一心念佛，谓家人曰："西方净土，只在堂前，阿弥陀佛坐莲花上，孙翁儿在金地礼佛。"[1]

---

[1] （明）袾宏：《往生集》，《大正藏》第 51 册。

对于平民百姓来说，念经比炼丹（道家成仙之法）更容易，更简便。"活阎罗断案"里讲："只要念一声阿弥陀佛，便可出罪，万一念不得四字，只念得一佛字，亦出罪。"这实在太简便太有神力了。刘宋时期畺良耶舍译的《观无量寿经》中，就曾说在禅定中能看到西方极乐世界中观世音的形象：

> 此菩萨身长八十亿那由旬①，身紫金色，顶有肉髻，项有圆光，面各百千由旬，其圆光中，有五百化佛，如释迦牟尼，一一化佛，有五百化菩萨，无量诸天，以为侍者。举身光中，五道众生，一切色相，皆于中现，顶上毗楞伽摩尼宝以为天冠。其天冠中，有一立化佛，高二十由旬，观世音菩萨，面如阎浮檀金色，眉间毫相，备七宝色，流出八万四千种光明，一一光明，有无量无数百千亿佛，一一化佛，无数化菩萨以为侍者，变现自在，满十方世界。②

四大佛山之一的峨眉山上有睹光台，可以看见五彩光环，相传在东汉一个叫蒲光的采药老人在佛光中看见了菩萨的真身。现实的苦难在人们的心灵上碾来轧去，人们只能寄希望于来世，以来世的完美弥补现世的不完美。西方净土点燃的是渴求生命永存的人类在生存中的信心和勇气。当我们审视民俗中对观世音的信仰时，我们发现了互相矛盾的现象，一方面，佛教作为一种理性的产物，表现出其严整的思维体系及严密的思维逻辑，它使人在观念上和行为上都呈现出一种现实的、清醒的脉络，即"可理解性"；另一方面，在民间虔诚笃信的过程中，表现出

---

① 由旬：古印度长度单位。

② 《观无量寿经》是佛教经典，简称《观经》。畺良耶舍译，与《阿弥陀经》、《佛说无量寿经》合称"净土三部经"。

阎罗殿

种种世俗性、狂热性甚至"不可理解性"。观世音信仰正是潜藏极深的人们的欲望与情绪的表现，它流淌在一个民族的心灵中，构成了一个民族下层文化的生存底蕴。

救苦法船，清，纸马（天津杨柳青）

第七章

弱者的烛光

我国传统社会以封闭的自给自足的小农经济为主体。或遇天灾，哀鸿遍野，或遭战乱，尸骨成堆；或因疾病于困顿中啼哀，或蒙屈冤于九泉中含恨。数千年来，灾难深重的中国人民寄希望于观世音，祈望风调雨顺、五谷丰登，消灾除病、健康长寿，政治清明、国泰民安。这些祈望多么真挚，多么合理。观世音信仰在我国的传承折射出当时社会的情形，而且在此可以倾听到那处于水深火热之中的劳动人民的苦与乐、爱与憎，执着与真诚，愿望与呼声。

柳枝观世音菩萨

一、风调雨顺的祈愿

大自然是慷慨的,赐予人类广阔的生存空间,赐给人类水、阳光、春华秋实以及人类繁衍生息的各种有利条件。但是大自然并非人类驯服的奴仆,恰恰相反,它经常将无穷无尽的自然灾害——干旱、水灾、虫灾、冰雹接二连三地降临到人类头上。翻开中国的历史,自然灾害给人类带来了多少灾难,残害了多少生灵。人类为求生存而产生了巫术。伊耆氏时代的《蜡辞》记载能令神帮助人们开通水道、沟通水渠,驱逐旱神的巫术手段,被人们称作"咒语",人们相信通过诵念咒语可以达到消灾的目的。农业的收获离不开雨水。《淮南子·本经训》早就描绘出"尧之时,十日并出,焦禾稼,杀草木,而民无所食"的悲哀场景。我国商代甲骨文中也有不少求雨的祷词:

今日奏午,业从雨(粹七四四)
乙未卜今夕奏午,业从雨([前]三、二〇、四)

历史上的商汤是一个有作为的君王。商汤灭夏建商后,天大旱,商汤亲自到各地巡访民情,途经濩泽(今山西阳城)一带,在此祷雨。《吕氏春秋·顺民篇》说:"昔者汤克夏而正天下,天大旱,五年不收,汤乃以身祷于桑林,曰:'余一人有罪,无及万夫。万夫有罪,在余一人。无以一人之不敏,使上帝鬼神伤民之命。'于是剪其发,郦其手,以身为牺牲，用祈福于上帝。民乃甚说，雨乃大至。"《晏子春秋·内篇谏上第一》讲齐大旱逾时，齐景公见民有饥色，心急如焚，召群臣商议，最后景公亲自出野暴露，才降喜雨。《搜神记》卷11还记载了后汉太守谅辅在万物枯焦之时，自暴中庭而祷雨之事，但久祷未下，后决定积柴自焚，以表精诚。可见求雨得到上至皇帝下到普通官吏的关注，更不用说我国民间存在着繁复多样的求雨仪式了。人类为了生存，希望与自然沟通，使自然顺应自己的要求。人们自然也把求雨的希望寄托在观世音信仰上，因为"观世音大士悉号圆通十二大愿誓宏深苦海度迷津救苦寻声无刹不现身"。据《佛祖统纪》载：

> 宋哲宗元符二年夏，四月不雨，袁州守臣王敏仲，祷于木平山舍利石塔，精诚通感，岩中放光，见白衣大士身金璎珞，获五舍利，其大若枣，中有台观之状，复往仰山塔。见泗州大士，维摩罗汉，列居左右，已而大雨霑足。传闻于朝，诏赐木平塔曰"惠庆"，仰山塔曰"瑞庆"。①

《天竺山志》刊载了同样的事例：

> 明景秦六年夏，两浙苦旱，禾稼将枯。四民彷徨无措，哭天抢地。这时镇守阮公和藩泉重臣与兵部尚书孙公等集聚在一起，他们沐浴之后，徒步亲自登上天竺寺。奉迎观音的圣像至山林，又建造了一坛，祈祷甘雨的降临，即时阴云四起，随着甘雨大注，瓢泼大雨，一连下了三天，顿时两浙境内，禾黍芃芃，枯槁立苏，人民莫

---

① （宋）释志磐撰：《佛祖统纪》，54卷（现行本缺第19、20两卷）。

不欢歌鼓舞。①

在文献笔记里关于祈祷观世音而得雨的记载比比皆是，此外，民间传说祈祷观世音还可降雪。明戏剧《焦帕记》有一出为《祈雪》："画灵符神风送，借坛雪今宵用，彤云起，彤云起，布满西东，早汾汾飘堕长空，谢仙姬暗中，霎时间便来显神通。"仙姬谓谁？下文有"雪紧风狂，是水月观音缟素妆"。下雨下雪是自然现象，而求得雨雪是人类生产和生活的需要，我国民间有各种各样求雨的习俗，人们以自己的心灵去感知并做出判断，以为精诚所至，金石为开。

杭州的天竺观世音寺自吴越以来香火不断，一直兴盛至近代。褚人获《坚瓠集》卷4载：

> 宋孝宗时天旱，有诏迎天竺观音，就明庆寺请祷。或作诗云："走杀东头供奉班，传宣圣旨到人间。太平宰相堂中坐，天竺观音却下山。"赵温叔（雄）由是罢相。②

这与记载观世音灵验的故事不同，供奉观世音后没有灵验。对此民间有自己的解释逻辑——心诚则灵，你心不诚实则不灵。

久旱不雨会给人类带来偌大的灾难，而淫雨霏霏连月不开也终成祸患。在中国民间的信仰里，观世音不仅能给人类带来吉祥的雨水，使五谷丰登，而且能够制服淫雨，给人间带来五彩斑斓的虹霞和阳光。据

---

① （清）管庭芬：《天竺山志》（上下），杭州佛教文献丛刊，杭州出版社2007年版。
② （清）褚人获辑撰：《坚瓠集》，李梦生校点，民国十五年柏香书屋校勘本，始刊于康熙二十九年，现存世有康熙年刊巾箱本、道光刊本等。

持柳枝观世音菩萨,隋,敦煌壁画,孙秉山临绘

《天竺山志》载，宋代绍兴一带因降雨"弥月不止"而"民方荐饥"，郡守所到之处，只见"渠决坏道，从者皆涉"。后迎观世音，才"天宇开霁，纤云不兴，白日正中，清风穆然"。观世音还能制止冰雹，制止蝗虫。《法华经》云："云雷鼓掣电，降雹澍大雨，念彼观世音力，应得消散。"又民间流传观世音可止雹灾，又可唤来冰雹制止蝗灾，其神力真可谓出神入化，令人拍案叫绝。

风雨冰雹都是自天而降。我国古代塑造的天神的形象里，就包括雨神、雷神、风神等神祇。[1]这些都属于自然神的范畴。神之所以特别强大，是因为人在自己别无选择时选择了它。对于观世音祈雨的崇拜，正是人在无法驾驭自然时别无选择的结果，同时，也表达人与自然协调的愿望。在人们看来，观世音呼雨有各种方式。

其一，将净瓶水洒向空中而得雨。民间广泛流传信仰观世音而感应的故事。清代人金庭子辑录的《观世音菩萨感应颂序》云：

嘉庆廿四年，大旱，僵尸蔽野，遍祷无灵，乃命别驾县令等，索服徒步入天竺，迎大士，僧惠淋等讽经，先是皆以净瓶滴水验雨，越一日，瓶水微涌，点滴如珠。果得微雨，明日水大涌出，遂大雨。

其二，因法术而得雨。《高僧传初集》记载了天竺高僧求那跋陀罗求雨的故事：

大明六年天下亢旱祷祈山川累月无验。世祖请令祈雨必使有感。如其无获不须相见。跋陀曰。仰凭三宝。陛下天威冀必隆泽。

---

[1] 参见邢莉：《天神之谜》，学苑出版社1995年版，第二、三、四章。

天降大雨

如其不获不复重见。即往北湖钓台烧香祈请。不复饮食。默而诵经。密加秘咒。明日晡时西北云起如盖。日在桑榆风震云合连日降雨。①

其三，观世音泉的出现。民间为祈得雨水，幻想会出现清凉甘甜的观音泉。民间传说，四川天彭、江西广丰等地大旱时候都有观音泉出现。如果说，观世音雨是自天而降的话，观世音泉则是不择地而出，满足了人们的祈愿。

其四，绝食求雨。俗话说，民以食为天，当大自然给人类制造灾难带来饥馑时，有的人宁可供献自己而为民请命，舍身求法。《高僧传》记载：

---

① （南朝梁）释慧皎撰：《高僧传初集》卷3。

净瓶观世音菩萨,唐,石刻,孙秉山临绘

石晋释道舟,入贺兰山,刺血画大悲千手千眼像,绝食求雨,得通济。又断左肱,焚供大悲像,愿中原塞上,早见弭兵。言毕,迅雷风烈,大雨澍焉。又尝截左耳,为民祈雨,断食请雪,皆如其愿。①

绝食也罢,刺血也罢,这是一种感性的显现,也是人们用来宣泄自己的痛苦,解脱自己的途径。

其五,筑坛祈雨。《宋高僧传》记载,高僧金刚智(671—741)用密教观音法门中的准提观音法、不空羂索观音法筑坛祈雨。某年正月到五月半年不雨,生灵饥渴,于是绘七俱胝菩萨像,用不空钩依菩萨法,筑坛祈雨。时至七日,"西北风生,飞瓦拔树,崩云泻雨,远近皆骇。而结坛之地穿穴其屋,洪注道场……求观其处曰千万人。斯乃法坛之神验也"②。

以上总结了观世音祈雨的各种路径。千百年来,人们就以某回巧合的灵验来佐证自己所创造的观世音菩萨的力量,从而使观世音菩萨的形象更为崇高。当人们希冀控制自然,而又达不到目的时,便以此作为平息心中忧思的途径。人啊人,你在大自然中应处于什么位置呢?

---

① (南朝梁)释慧皎撰:《高僧传初集》卷3。
② (宋)释赞宁等撰:《宋高僧传》卷1《金刚智传》。

二、水深火热中的慰藉

古往今来,人们识破个体生命的短暂以后,就希望在有限的生命内领得人生的乐趣。"人生不做安期生,醉入东海骑长鲸。""昼夜苦短长,何不秉烛游。""对酒当歌,人生几何?"

庄子说:"死生、存亡、穷达、贫富、贤与不肖、毁誉、饥渴、寒暑、是事之变,命之行也。""知其不可奈何而安之若命,德之至也。"的确,不甘愿被命运摆布的庄子,也被人间的各种罹难所困惑。人生于自然,存于自然,与大自然保持着极为密切的关系,人类的生存就是一部探索自然规律、掌握自然规律的历史。但在昊昊苍天、茫茫宇宙面前,大写的"人"字却显得渺小了。虽然人类的始祖女娲早就有补天之壮举,但这不过是超人间力量的想象。虽然人在几万年的实践中不断顺应自然、改造自然,但自然的灾难仍接踵而至,防不胜防。暴风骤雨、轰雷闪电、熊熊的烈火、强烈的地震、疯狂的海啸等都意外地给人带来毁灭性的灾难。

在民间信仰里,人们视观世音为救世主。《太平广记》卷174《薛道衡》云:"随吏部侍郎薛道衡尝游于钟山开善寺,谓僧曰:'金刚为何怒目,菩萨为何低眉。'小僧答曰:'金刚怒目,所以降伏四魔,观音低眉,所以慈悲六道。'"《法苑珠林》记载了这样一件事:晋代有一人名徐荣,他在坐船的时候,划船的人不熟悉水道,船几乎沉没,大家齐呼喊"观世音"。此时"沿江而下,日已暮,天大昏暗,风雨均厉。前驶

渡海观世音，明，彩塑，赵松麓绘

不知所向，而涌浪转盛，船几欲覆。荣至心诵佛经不辍，忽望见山头有火，烈焰炽盛，澈照江心。回舟趋之，安然达岸。既至，光息，无复所见，明日问浦中人，昨日山上是何人，众愕然曰：'风雨如此，火自何来。'乃知佛力冥佑矣"。

在民间流传的观世音灵验事迹里，在冥冥昏暗、樯倾楫摧的时刻，观世音照火如昼，助船驶向胜利的彼岸。有时观世音可以截流渡险；有时求救于观世音时有一僧持杖，凌空指导；有时有一小儿牵衣把堕江者领上岸边；有时有一白鹿下涉河流救护遇险者；有时在浪涛沉浮者被巨鱼托起；有时死里逃生者恰遇一浮木；有时慈光导引；有时画像灵应。更可颂扬的是，在狂虐的自然与人的斗争中，观世音蔑视自然而亲自拯救百姓黎民。《海南一勺合编》载，某人持吴道子石刻观世音像后梦身堕汪洋，"忽有穿耳胡僧，推其于岸，回视见僧，倏又变为璎珞菩萨，隐入水中而去"[1]。《观音慈林集》载，乾隆年间，某人遇暴风舟没，在冥冥之中一心念观世音，此时已水盈半腹，"忽觉有人牵其手出水上，挽得船篷，顺飘至岸，岸人同见一白衣人，趋篷到舟垂救"[2]。在中国百姓的信仰里，观世音不是远在天边的圣者，而是近在眼前的贤人。

俗话说，天有不测风云，人有旦夕祸福，可观世音可以预测风云，救人免难。《高王经证验》记载："余日旭省亲渡江，梦白衣人告曰：'明日有大难，号我可脱。'及渡江遇风，舟欲覆，急号大士救我，遂安济。"预测天气，掌握变化一直是人们梦寐以求的理想，这未必不能成为现实，因此人们请出观世音。想象是科学的前奏，渔网、航船、指南

---

[1] （清）白华弟子鹤洞子纂辑：《海南一勺合编》，四香草堂版。
[2] （清）释弘赞编：《观音慈林集》，本书汇集有关观世音信仰之经典，及有关信仰者之事迹、感应等而成。

顺风大吉,清,纸马(天津杨柳青)

针、浑天仪、地动仪的发明创造，正是累代逐步想象的结果。

观世音的神力不仅可以预测天气，而且可以威慑鬼神。有这样一个故事：清康熙二年，有渔艇在小孤山下停泊，山神命鬼卒收拾过往的盐船，果然风涛骤作，船沉浮颠簸，但"艄尾有观音大士，故不敢近耳"。① 人们以为暴风骤雨是鬼神操纵的。人们创造观世音，是希望以其超人的威力控制人难以驾驭的自然，以其威力救援现实社会中受苦受难的生灵。生存忧患是人信仰向度的内驱力，因此而产生的自然崇拜和鬼神崇拜正是人类追求生命、躲避死亡和灾难的一种精神追求。早先人们凭借巫觋的力量与鬼神对抗，而佛教传入后，观世音在民间站稳了脚跟。《劝诫类钞》所记更为生动：

大慈大悲救苦观世音菩萨

嘉定冯生，贫而好善，日觅经验良方，抄贴衢，一日进香南海，风发舟覆，悦见甲士引至龙王前，诸曰："子写方救人，善念达于水府，故救汝，与以秘方，谓可致富焉。"冯曰："吾命穷，妄敢望

---

① （清）周安士：《万善先资集》卷1，民间印刷本。

富。"王曰:"贫富因命,然心善者,命亦无凭,如汝命遭水厄,心善即无害。"与方送归,倏忽到岸,心知大士暗中调护也,依方行济,成富室。

抛弃贫困,追求富足,是千百年来中国人民的祈望,在对现世的统治者失望时,人们把希望寄托在对观世音的信仰上。

俗话说,水火无情,观世音尚可救火,据《辩正论》载:

晋有竺长舒者,本天竺人,专心诵观音经。后久居吴中。一日邻居失火,屋宇连栋,火趁风威,相继焚毁。长舒草屋正在下风,意必不免。一心念观世音,炎炎火势,延烧将至舒家,忽然风回大灭,合县惊异之。时有恶少年讶其灵异,后夜风急,少年以火投舒屋,四投皆灭,少年嗟感。翌晨,乃向舒叩头请罪,舒曰:"我无神力,常虔诵观世音名,得菩萨慈护,每有事得脱免。"①

在宣扬观世音救火的神力的同时,还宣传了儒家的孝亲观念。《观世音菩萨灵异记》记载,乾隆年间,张某家草屋三间着火,他本可携妻儿逃脱,但因母亲灵柩停于此,便誓以身殉,救火之人也爱莫能助。待大火熄灭,见其屋岿然,奇迹出现了,"盖怒飚忽回,火转向北",他的身体安然无恙。② 孝亲观是儒家伦理道德观念的基础,而佛教利乐一切众生、救济一切众生的愿想完全不同于儒家以血缘为第一中心的道德观,但是在中国的民间信仰里,二者契合无间了。

---

① (唐)法琳:《辩正论》,又作《辨正论》、《辩正理论》,凡8卷,收于《大正藏》第52册。

② 万叔豪居士编:《观世音菩萨灵异记》,北平中央刻经院。

敦煌莫高窟隋420窟为一覆斗形窟顶，其东坡之上有观世音菩萨普门品经变，画遇盗、遇水、遇罗刹鬼等情节，而遇难者皆因称其观世音名号而得救；画中并有观世音菩萨三十二种应身。303窟更在人字坡顶的两披满绘观世音普门品经变，自东坡披上段南端开始，首先画无尽意菩萨听佛宣讲观世音菩萨以何因缘名观世音，接着分画观世音以神力解脱众生诸般苦难：设入大火，火不能烧；若为大水所漂，即得浅处；入海求宝，遇风浪，罗刹鬼不能伤害；临当被害，凶器刀杖立即断坏；遇诸恶鬼恼人，则可解除；商队过险路能得无畏；若多淫欲、多瞋恚、多愚痴，皆得解脱；欲求生男生女，便可如愿。① 总之，观世音可以给人解决各种各样的困难，逢山开路，遇水搭桥，给饥者以食，予寒者以衣，解救民众苦难的观世音充满了佛学智慧。

救水火的观世音

---

① 敦煌文物研究所：《中国石窟·敦煌莫高窟》第2卷，文物出版社1984年版。

三、灾难的避风港

人们在遍历人生困顿劳苦，遍阅人间情事之时，总是伴着生存信仰的高潮。生存的困境，刺激了人们对于超越困境的向往，因此带有浓厚神秘色彩的"灵验"、"感应"之类的传说在民间广泛流传。这些传说故事现今成为刻印在观世音信仰文化上的"花纹"。

（一）战乱中脱险

战争是残酷的，它把无数生灵抛入血与火之中，使家破人亡，生灵涂炭。人们为躲避死亡和灾难，便祈求于自己塑造的观世音，《法苑珠林》载：

> 刘宋邢怀明，从朱循北伐，陷虏。得闲，共南遁。夜行昼伏，因惧追捕，遣人前觇虏动静，数日人始回，自惊曰："向遥见火光甚明，故来投，何至而反暗。"盖怀明恒顶戴观音经，诵不辍，咸信是经神力，遂得脱。

中国历史曾出现多次战乱。无论是何种原因引起的战争，都导致老百姓饱受痛苦，背井离乡，妻离子散，家毁人亡。民众创造的观世音成为解脱残酷战争苦难的寄托。

乘鲤观世音

（二）解救冤狱

中国长期封建社会的法律视民众为草芥，官为刀俎，民为鱼肉，制造了不少冤狱。据《观世音应验记》载：

> 高荀，荥阳人也。居北荒中，性自横急。荀年五十，忿吏正不平，乃杀官长，又射二千石，因被坎，辄锁颈，内土硎中。同系有数人，共语曰："当何计免死？"或曰：汝不闻西方有无量佛国，有观世音菩萨，救人有急难，归依者无不解脱。荀即悚惕，起诚念一心精至，昼夜不息。①

反暴政、杀恶吏者惨遭迫害，得观世音之解救。观世音在为下层人民喊冤，为下层人民出气。旧时官吏贪赃枉法，由于违犯官府禁令或各种原因被冤枉、受牵累而锒铛入狱者不计其数。被冤枉者求救于观世音，希望观世音解脱镣铐。《观世音应验记》有云："晋太元中，北彭城有一人，被枉做贼，本供观世音金像，恒带颈发中，后出受刑，愈益存念。"

即使车轮系颈，身着枷锁，可谓插翅难逃，但观世音也能奇迹般地使其解脱。据《法苑珠林》载，晋人王球曾为四川涪陵太守，居官爱民，因"在郡失守，系在刑狱"。他见狱中有饿殍，就把自己的饭分给别人，并一心念观世音经，后枷锁自脱，不久就获释了。"没来由犯

---

① （刘宋）傅亮、（刘宋）张演、（齐）陆杲撰，孙昌武点校：《观世音应验记三种》，中华书局1994年版。

王法，不提防遭刑宪，叫声屈动地惊天。"一曲感天动地的《窦娥冤》只是当时黑暗的一斑。人们祈望能从黑暗的枷锁中，从血染的屠刀下挣脱出来，重见天日光明。而观世音能使"枷锁自解"、"下刀刀折"、"锁链寸断"、"免罪获生"，人们仰仗观世音，因为观世音满足了生活在世间惨遭冤狱的苦难生灵的愿望。

（三）避免伤害

社会中总会出现盗贼凶杀等现象，人民信仰观世音，认为在危难困厄中可以获救。《高僧传二集》记载了两个故事：魏道集行寿阳西山时为贼所获，绑之于树，但因祈诵观世音，贼刀屡砍，却不能动之丝毫，最后盗贼恐惧而走。魏法禅在崎岖的山路上遇贼，贼挽弓射之，也因念诵观世音，箭不能伤，后来贼不但不伤害他，反倒非常尊敬他。《观世音灵验记》云："浙江朱延爱，解粮山东，遇寇，水手被杀，爱独获全，钱粮无损，爱素持观音经，更施千二百卷。"社会的灾难也与自然的灾难一样是难以预料的，在民间信仰里，观世音可以预测灾难并避灾趋吉。

社会的、自然的各种灾难常使人们猝不及防，人们希冀防患于未然。中国民间出远门前都要卜算预测凶吉，可见其祛除灾祸之愿望是多么强烈。人们自然把这种愿望寄托于观世音身上。《樗散轩丛谈》记载了这样一事：贾某人曾梦见观音告知"逢桥莫停舟，逢油即抹头，斗谷三升米，青绳捧笔头"，后来船冒风雨过桥而桥折，贾某安全返舍。见灯前堕油，他用油抹头，晚上他的妻子被杀，岳父告官府，当他被迫招供欲画押时，忽有青蝇丛集笔端，贾连喊冤，官府问缘由，贾某把观音托梦之事告知。官派人测算说，三升米即得七升糠，杀人犯即糠七，其

持法器的观世音

邻居糠七伏法。原来糠七与贾某之妻有私。因贾某头上抹了油，误认为他是女人，转而杀了他的妻子。① 在这里观世音托梦暗示贾某，使其冤昭雪，恶人伏法。

观世音的未卜先知是靠梦反映出来的。中国古代有圆梦说，现代奥地利精神病学家弗洛伊德试图揭示梦的奥秘，提出"梦是愿望的实现"这一基本观点。这种观点是有积极意义的。观世音托梦的传说正是民间愿望的折射。中国民间文化又有"测字术"、"猜字术"，用笔划偏旁的增减或通过口诀推知未来。占梦与测字都属中国民间文化的范畴，以此表达民间愿望。人类学家认为："人事中有一片广大的地域，非科学所能用武之地，它不能消除疾病和腐朽，它不能抵抗死亡，它不能有效地增加人口和环境的和谐……不论已经昌明的或尚属原始的科学，它不能完全支配机遇，消灭意外及预测自然事变中的偶然的遭遇。"② 正因为如此，人们创造了信仰文化，信仰文化在产生和传播的过程中总是离不开下层民众的参与。

---

① （清）陈镛：《樗散轩丛谈》，清同治三年苏州刻本。
② 〔英〕马林诺夫斯基：《文化论》，费孝通译，中国民间文艺出版社1987年版，第48页。

仁贤临难，清，剧本插图

第八章
妇婴的保护神

中国民间有这样一幅观世音的画像,她眉如晓月,眼似双星,乌云巧叠盘龙髻,绣带轻飘彩凤翎——好一位端庄秀美的女神!有趣的是,这观世音手领一个娃娃,那娃娃胖乎乎、活灵灵的,充满诱人的魅力,而观世音正绽开化育子孙的慈容微笑。《易经·系辞》云:"天地氤氲,万物化醇,男女精构,万物化生。"人类是由男女两性组成的,男女扮演不同的社会角色并有各自独特的性情。观世音之所以在华夏大地受到广泛的尊敬和崇拜,不仅仅是因为其大慈大悲救苦救难,而且还因为伴随着观世音形象的女性化,这位菩萨与中国妇女结下了不解之缘。千百年来,中国女性以其聪颖和智慧塑造了观世音菩萨光彩照人的形象,反过来,观世音成为中国女性心目中无难不解、无所不在的美丽的菩萨。

日月观世音妙相，宋，石雕，孙秉山临绘

一、观世音：婚姻之神

在我国传统社会，婚姻是中国女性的悲剧。众所周知，爱情是婚姻的基石。但是中国传统社会的婚姻以生殖为目的，从婚姻中取消了性爱。在古代社会里男子可以妻妾成群，可以停妻再娶，却言"非为色也，乃为后也"。本来没有道德的行为在过去的社会却蒙上了道德的面纱。而女子则必须"事夫如事天，与孝子事父，忠臣事君同也"。在以往的社会中，重生殖的观念决定了女性只是生育的工具，只是男性家族的附属品与牺牲物。在对性爱的压抑中，妇女是最大的受害者。从曹雪芹的《红楼梦》到巴金的《家》、《春》、《秋》，从陆游、唐婉如死别般的生离到无数贞节牌坊的竖立，都诉说着女性的血泪、怨愤和难以承受的精神苦痛。由于婚姻的不幸，她们的才华受压抑，心灵遭摧残，悠悠岁月，埋葬着多少女性的冤魂。林黛玉的悲悲切切，甚而至于生生死死，全是为了那人类一生中的超越动物的爱情。为此，她含泪与制造她命运悲剧的那个社会诀别，以生命之毁灭而唤起理想风帆的升起！为抵制这种没有性爱的婚姻，民间妇女把希望寄托在观世音身上。《柳崖外编》[①]载：平泉女郎，幼慧美，虔奉观音，反归尤姓，貌粗鄙，将婚，女自伤薄命，祷大士，愿保身洁净，既婚，虽同榻，尤见柳枝一堆，横护女身，终不能近。观世音手持柳枝为灵物，能保护女子，阻止无爱的性

---

① （清）徐昆撰，杜维沫、薛洪校点：《柳崖外编》，吉林大学出版社1995年版。

关注人间的观世音菩萨像

欲发生。旧时代是性欲和爱情被否定和禁锢的黑暗时代，其意识形态与美好爱情的冲突，是数千年来无数个人不幸和婚姻悲剧的根源。观世音站在弱势妇女的一边，支持妇女对情感世界的追求。但丁说，爱情是与阳光同在的上天的光辉，照亮了人的理性。爱情，不是单纯延续种属的本能，不是只有生理需求，而是融合了心理的、美感的、生物的、道德的综合体验。但是在中国的传统观念里，择偶的标准不是郎才女貌，就是门当户对，充斥着买卖婚姻。古代社会的宗法制度下，门第观念、等级观念、财富观念起了决定性作用，女子追求个人情感的幸福与升华，困难重重。戴孚《广异记》"李元平"条刊载了这样一个事迹：

> 李元平者，睦州刺史伯成之子，以大历五年客于东阳精舍读书。岁余暮际，忽有一美女服红罗裙襦，容色甚丽，有青衣婢随来，入元平所居院他僧房中。平悦而趋之，问以所适及其姓氏。青衣怒云："素未相识，遽尔见逼，非所望王孙也！"元平初不酬对，但求拜见。须臾，女从中出，相见忻悦，有如旧识。欢言者久之，谓元平曰："所以来者，亦欲见君，论宿昔事。我已非人，君无惧乎！"元平心既相悦，略无疑阻。谓女曰："任当言之，仆亦何惧？"女云："已大人昔任江州刺史，君前生是江州门夫，恒在使君家长直。虽生于贫贱，而容止可悦。我以因缘之故，私与交通。君才百日，患霍乱没故，我不敢哭，哀倍常情。素持《千手千眼菩萨咒》，所愿后身各生贵家，重为婚姻，以朱笔涂君左股为志。君试看之，若有朱者，我言验矣。"元平自视如其言。益信，因留之宿。久之，情契既洽，欢恚亦甚。欲曙，忽谓元平曰："托生时至，不得久留，意甚恨恨。"言讫悲涕，云："后身父今为县令，及我年十六，当得方伯，此时方合为婚姻。未间，幸为婚

也。然天命已定,君虽欲婚,亦不可得。"言讫诀去。

这一少女与身份低贱的门吏之间的爱情,可谓生死不渝。爱人已死,她还发愿生富贵家,希望得谐伉俪。而且在其所爱之人的股上做了标志,真是一场感人至深的生死恋。虽然她发愿"各生贵家"带有传统观念,但故事的主人公冲破了"父母之命,媒妁之言"的羁绊,大胆地选择自己的情人,一旦有了心灵的沟通,就表现得如此坚定,如此执着,体现了女性打破传统的愿望。当然,成全他们姻缘的又是观世音。

性欲与爱情是男女之间崇高的美好情感的浇铸,是理性与感性铸成的坚不可摧的力量。但是中国传统婚姻却存在着一个畸形的媒介即媒妁之言,媒妁成为维护传统礼教的信使,横阻在男女之间,因此争取婚姻自主权的中国妇女幻想由观世音做媒人。《新齐谐》记载了这样一件事情:狐狸预言一个地位卑微的婢女将来必由观世音做媒,嫁给洞庭君,后来果然有人赠之观世音像,并与心上人结为美满姻缘。在旧社会,婢女只是被人买卖的奴隶,哪有人权和爱情可言,她们把观世音视为公正的化身,视为自己的保护人,顽强而又隐晦地显示了自身价值的存在和爱情的神圣崇高,至今为人所赞颂。

观世音菩萨，明，唐寅绘

二、观世音送子

中华大地是一个崇拜"生"的大地。"天地大德曰生",在老庄的道中,道的本原是永恒的"天地之根"。道家哲学以对"生"的崇拜开始求道,玄牝之门—天地之根—万物之母—天道人道是道的化育线索。孔子主张"未知生,焉知死","未能事人,焉能事鬼"。墨家哲学主张仁而兼爱,重视生殖。中国老百姓的生存策略更是"留得青山在,不怕没柴烧",认为多子多福、多子多寿、多子多财。中国作为传统的农业大国,崇拜生殖,呵护生命。生生之象,凝固了中国的崇拜"意象"。先哲们对生生之象的赞叹可以理解为积淀于我们民族集体无意识深层的对天地生命精神的崇拜。这种崇拜意识在民间则推演出许多神秘而复杂的求子习俗。求子习俗表现在岁时风俗、人生礼仪、交际游乐、神话传说、器物佩饰以及衣食住行等诸方面。在民间,祈祷观世音可以生子,观世音送子成为我国民俗活动的重要事象。南朝梁王琰所撰《冥祥记》里有这样的记载:

> 刘宋孙道德,四川益州人也。素奉道,职任祭酒,年过五十,未有子息,居近精舍,景平中,沙门谓道德曰:"苟心欲求儿,当至心礼诵观世音经,如此可有后望也。"德遂罢不事道,丹心投诚,归诵观世音。少日之中,而有梦应,妇即有孕,产男也。①

---

① (南朝梁)王琰:《冥祥记》卷2,引自鲁迅:《古小说钩沉》。同见《法苑珠林十七》,《太平广记》卷110。

送子观世音菩萨，民间剪纸

念诵佛经及观世音经典可以生子的事迹不乏其例。《稽古略》有云：

> 刘宋卞悦之，山东济阳人也。行年五十，未有子息。妇为娶妾，复积载不孕。将祈求继嗣，发愿诵观音经千遍，其数垂竟，妾即有孕，遂生一男。①

不但诵观世音经是得子妙方，瞻观世音像也成为得子的契机。在中国民间，无子之家充满对瞻观世音像而应验的渴慕。《观音慈林集》里记载这样一个故事：何隆将"五十无嗣，乃奉千手千眼大悲像，朝夕虔

---

① （元）觉岸：《稽古略》，收在《大正藏》第49册，系以编年体方式撰写的佛教史。

礼",结果,"梦大士授红儿,连举三子"。《稽古略》载,元末有一号为璧峰的宝金禅师,他的生母张氏笃信观世音,而有一个持钵的僧人曾给她一张观世音像,告之"谨事之,当生智慧之男"。果然,其子出生即不同凡俗,其时"白光照室,六岁依旧"。在民间,观世音像仿佛具有无所不到、无所不在的力量,瞻观世音像便能臻于神与物游的妙境,因而可祈得子嗣。

值得提出的是,观世音送子的信仰与中国妇女的信仰活动紧密地网结在一起。在中国妇女的心目中,送子观世音是一个至亲至爱的菩萨。《南海慈航》记载,清雍正年间,邹鲁之妻"梦白衣大士笑容可掬,抱一孩子置榻,次日生子,岁余如前梦,又生一子"①。在中国民间传说中,观世音可以直接送来一对童男童女。《观世音灵验记》载,"华敦三妻,十九年不生育,祷大士,啜泣哀祈,梦大士抱一男一女来,曰:'怜汝虔诚以付汝。'次年生子,越岁生女。"何其圆满!童男童女是白净的,恍似民妇的观世音的白衣也是素净的。在这里,人与神的界限被打破了,崇拜者与被崇拜者之间厚厚的障壁被消除了。观世音之送子与性欲不同,观世音身上闪烁着善良无私的母性的灵光。在平民百姓心中,与西方对圣母玛丽亚的尊崇一样,观世音成为崇高的保护神。

在民间,观世音抱子图广泛流传,有的出于名家手笔,有的则出自民间艺匠。据《一行居集》载:

顾文耀,妻宋氏,素奉大士,一夕其子晋芳,梦两大士衣破衲如有乞。旦有携吴道子画僧相观音及绣相送子观音求售者,急偿以值,装新送月声庵。逾年,芳复梦两大士云,将有行急住视,

---

① (清)褚景贤:《南海慈航》,见张妙首选译:《观世音菩萨本迹感应颂》(增补本)。

观音大士，造像稿本（河北）

则度置壁闲久矣,遂奉回,挂净室,孺人礼敬无虚日。一日,室中砖瓦面,忽现僧相大士,后八日,复现送子大士,善财龙女先后迸出。①

这里不但勾勒出圣母观世音送子的情景,而且勾勒出其送子的具体环境。当观世音抱儿来时,"如云如月,晨起某赠以绣观音抱儿图,宛如梦见。帧有诗云:彩云香绕海天潮……还来丹桂月中飘。符'云月'二字,后果生子。"观世音送子时必是月色皎洁、香云缭绕,她腾碧空驾祥云飘然而至,背后总有一圈月轮。在中国人的民俗观念里,月属阴,属水。唐段成式《酉阳杂俎》言:"月中蟾桂,地影也;空处,水影也。"②明李时珍《本草纲目》也说:"窃谓月乃阴魂。"古代女性把自己的信水与月亮联系起来,称之为"月水"、"月信"、"月经"。难怪圣母观世音的背后总有一圈月轮了。进一步讲,云雨为男女交欢的隐语,此处"符云月二字,后果生子",也可视为男女交合的象征。

在中国人的传统观念里,女人总承担着生育责任的重负,她们在自然物种的链环中驯化出依属于男人的意识,又在生育活动中锤炼出忘我的母爱,找到了人生的庇护和母性的温床。因而观世音这位伟大的圣母在人们的头脑中,尤其是在广大妇女的头脑中,出自情感的喜爱和崇拜的成分更多。明月,皎皎者也,民间的一幅幅观世音送子图如此朗润,如此圣洁,表明中国民间信仰中对女性的崇拜与讴歌。民间不仅认为观世音可以送子,而且还认为观世音可以操持生子的性别。姚秦三藏法师鸠摩罗什所译的《观世音菩萨普门品》说:

---

① (清)彭绍升:《一行居集》,台北市佛陀教育基金会印刷。
② (唐)段成式:《酉阳杂俎》,第9页。

白衣送子观音,清,纸马,孙秉山临绘

> 若有女人，设欲求男，礼拜供养观世音菩萨，便生福德智慧之男，设欲求女，便生端正有相之女。宿植德本，众生爱敬，无尽意，观世音菩萨有如是力。①

人们把掌握生男生女的期望寄托在观世音身上。欲求男则得男，欲求女则得女，这是何等大快人心之事。我国的传统观念重视生男。旧社会制度是男权制社会，男权制并非专指以男性为主角和血统计算的家庭形式，而是还包括以男权为模式的一切社会结构。《易经·系辞上》说："天尊地卑，乾坤定矣。卑高以陈，贵贱位矣。"在传统社会，男子的地位在女子的地位之上，而女子要生男孩才能提高自身在家庭中的地位。再有，我国是传统的农耕大国，在科技不发达的情况下，生男可以增加劳动力。因此，向观世音求子多求生男。《狯园》载："章藻年近七十，无子，礼大士梦，座前印香盘一'子'字，旋亲生男。"②《现果随录》载："清初谭宪卿，家饶无子"，他以"五千金兴大悲忏坛，礼忏四十九日，妾即生子，胞衣白，妻乃发心捐千金建白衣阁，未几，亦生子，胞衣如初"。③在历代旧制度下，男子抛弃女子，正规的理由有七种，第一种即为妇不生子。不唯平民如此，连皇后也因不举子而被废。父权社会中的妇女，也仅仅是在母亲的意义上，才能得到家庭的认可和社会的尊重，否则岂但毫无价值和地位，而且要被残酷地逐出门外。而观世音菩萨可以满足中国女性的希冀和切盼，使得其获得家庭与社会的地位。《述异记》载：

---

① 《妙法莲华经》卷7，《大正藏》第9册，第57页上。
② （明）钱希言：《狯园》，文物出版社2014年版。
③ （清）戒显：《现果随录》，清顺治年间刻本，《四库提要》有记。

向观世音求子

荆州黄叟，老而鳏，笃孝好善。一女嗣姑，年十四，随父读，慧而贤，绣白衣大士像，礼拜甚虔。一夕梦大士曰："汝父孝义，不应无后，奈年老，我以汝子之。"啖以红丸，女觉热气一缕下达，昏瞀者七日，醒则又化男身。①

《已求书》的记载更为奇妙，言曰，明杨璜父子在战乱中均溺死，其妻陆氏"断荤奉大士像于家，旦夕念佛声"。后"夜梦老妪携一儿曰：'遗汝。'醒而祝曰，愿妾张氏，遗腹生男"。但张氏生的却偏偏为女。正当因无男子而要把财产分给侄辈时，陆氏在杨璜周年时"作佛事"，"散斋之日，恰三月十六，女呱呱不已。张抚就枕，如梦魇，不醒。女

---

① （南朝梁）任昉：《述异记》，吉林大学出版社1992年版。

啼益甚,陆疾呼,张始觉,抱女,则已变男身矣。相顾骇愕,族人群集,见面目依然,而私处血痕斑斑,始悟菩萨示梦不虚"。① 前"唼以红丸"而变,似有巫术之意;后梦魇而变,似存征兆之感。

观世音具有使女变男的奇异力量,真可谓石破天惊。在"君为臣纲,父为子纲,夫为妻纲"的男权社会,女子没有财产的继承权,因此传宗接代不仅关乎生理的延嗣,而且关系其家势的盛衰,这种错位的男女价值论,更加重了中国妇女性别角色家庭化的色彩,从这个意义上讲,她们切盼生男的欲望更为急切。因此她们把这种希望寄托在大慈大悲的观世音身上。这是在贫乏的物质生活和精神生活中的精神寄托。

北京首都博物馆藏一铜质送子观世音像,观世音慈眉善目,手捧一灵童。在这里,妙就妙在一个"送"字。送,馈赠也。当人们如饥似渴地切盼生子时,心慈的菩萨给人们送来了儿女。据于君方研究:"送子观音是白衣观音的一种变体,代表她的另一面,作为生育女神的观音普受文人与一般妇女的信奉。再者,白衣观音即是送子观音的信仰,其经典依据不但是包括《白衣大悲五印陀罗尼经》在内的一些本土经典,还有《法华经》。"② 照于氏的研究,白衣观世音是送子观世音的特指。明代张岱在《白衣观音赞并序》中说:"岱离母胎,八十一年矣。常常于耳根清净时,恍闻我母念经之声,盖以我母年少祈嗣,念《白衣观音经》三万六千卷也,故岱生时遂有重胞之异。"③ 这里的"白衣"有两层意思,孩子的出生是白衣重包,这里的白衣就是婴儿在母腹中的胞衣。"事实上,'白衣重包'一语,我将它译为裹覆于双层白色胎膜中。"④ 智

---

① 《已求书》,见《观世音菩萨灵感录》。
② 于君方:《观音——菩萨中国化的演变》,第138页。
③ (明)张岱:《琅嬛文集》,岳麓书社1985年版,第245页。
④ 于君方:《观音——菩萨中国化的演变》,第142页。

慧男子的出世是祈祷白衣观世音的正果，与一般的孩子不同，裹覆于双层白色胎膜中，以示其果。这种解释颇有道理。

送子观世音的信仰是民众生活世界不可缺失的重要组成部分。在向观世音求子的过程中，存在着丰富的民俗事象。例如：

偷观世音鞋。传说偷观世音鞋可得子。

> 青莆黄渡镇妇女之无子者，必往镇东祖师堂之送子观音前，烧香告祷，并暗中将送子观音之绣花鞋，偷去一只，云能生子。惟生子以后，须寄给与送子观音为干儿子也。①

拴娃娃。拴娃娃也是一种求子巫术。一般是妇女婚后多年不育，她们就在庙内讨泥娃娃或在泥娃娃身上拴红线，象征得到了儿子。山东聊城有娘娘庙、观世音庙，案前也有许多泥娃娃，或坐，或爬，或跳舞状，皆男性，有"小鸡"（男根）。不育妇女求子时，都取一泥娃娃，以红线拴住脖子，把"小鸡"取下来，以水吞服，再用泥土塑一个新的补上。实际上这是象征巫术。民间有一幅千手千眼观世音的绘画，观世音坐于祥云之上，双手合十，另一只手牵一长线，下面拴一娃娃正在虔诚地仰望观世音。最早的拴娃娃叫"弄化生"。唐《岁时纪事》载："七夕，俗以蜡作婴儿形，浮水中以为戏，为妇人生子祥，谓之化生，本出西域，谓之摩睺罗。"演变至此，流传甚广。

拜梵音洞。在浙江舟山群岛的中端，有一潮音洞。其洞深逾丈余。一面依山，两面礁石连片，形成一条夹缝，日夜与海潮相吞吐。水撞击

---

① 《中华全国风俗志》下篇卷3《江苏》，转引自杨琳：《中国传统节日文化》，宗教文化出版社2000年版，第273页。

洞壁，声如雷吼。在左首石滩的紧靠洞壁处，有一盈尽的观世音石刻坐像，洞口有"潮音洞"三字。梵音洞在岛的东北首，高约百米，洞深200米，传说是观世音显相的地方。《普陀山志》载："清台湾太守沈眉峰，诣梵音洞，见大士现身，签示孕男。"宁夏中宁县西北的双龙山上，有一石窟群，其中就有百子观世音洞。青海省乐都县桃红营乡姜湾石沟寺有一送子观世音像。求子的人在洞中摸索，摸到蛤蟆、蛇，是命中无子的征兆，摸到香荷包、丝线、乡鞋，是得子的吉兆。总之是把观世音菩萨与洞穴联系在一起，从民俗学解释，这是女阴崇拜的象征。从民间观世音的信仰中，可以窥视到原始观念的遗留。

得观世音柳枝。民间认为得观世音瓶中柳枝可以得子。《狯园》载："岳州杨心斋朝普陀梦大士，折瓶柳与之，曰以为汝子，生男名嗣柳。"在佛教里，观世音持净瓶，拿柳枝，象征把大悲甘露洒向人间。在中国民间，得柳即得子，柳为子的象征。此为观世音中国化的表现形式。

生菜会。据《吴友如画宝》载：

> 生菜本名萵苣，粤人以其菜可生食，受以生菜名之。腊尾年头，人家饯送子礼物者必以生菜为朦意，盖取生生不息也。南海县属之人窟墟有白衣送子观音。庙求嗣续者焚香膜拜奉礼甚虔。正月二十六日（有误）为神诞日，好事者为联佛会名曰生菜会，赶佛会者于庙前安排酒缶卢茶灶，罗列各种肴蔌，以供游人饮饫，而必以生菜为主。是日红男绿女结伴偕来，顶礼合十后，即相与领略菜根风味。①

---

① 《吴友如画宝》，中国青年出版社1998年版，第20册第45页。

生菜会

　　一种风俗的形成往往具有其生态环境和人文环境,而且是社会群体反复认同而组成的文化记忆。观世音求子习俗交融着宗教信仰、社会制度、民族心理、文化素质等多种因素。

　　我在甘肃泾川进行田野考察时,参与观察了向观世音求子的仪式。在王母宫山上,有一处称为"子孙宫"的建筑,据说历史久远,目前保留的是民国时期的建筑。里面供奉着三霄娘娘,即大霄娘娘云霄、二霄娘娘琼霄、三霄娘娘碧霄。三霄娘娘手里拿的是剪刀,代表为孩子接生的时候要剪脐带。大霄娘娘有个混元金斗,是孩子的洗澡盆。二霄娘娘手里拿着天尺,丈量孩子在肚子里时女人的腰围。三霄娘娘的塑像前摆着十二生肖。在子孙宫右前方斜对面,有一观世音的佛龛,摆放着一个

30厘米高的观世音像,旁有民众奉献的花、食品、水果等物。求子的许愿仪式是:(1)先拜三霄娘娘,或跪拜或立拜;(2)布施,布施的钱数5元、10元、20元或更多;(3)在观世音龛前跪拜、烧香;(4)烧表,表上印着求子告文,其内容是"观音有求必应,无事不灵,弟子□□现年□岁,两人配婚几年,怀中无子,年已过大,心惶意乱。祈神默佑诚感上苍,今逢吉日,祈祷前往,伏兴叩拜,灾香化黄,送子灵验,功德浩然,传宗接代,启户生欢,后继有人,香火不断,祈祷神佑,功德关天,祈求菩萨大发慈悲,降送贵子上身。事成之后,弟子举香叩拜,迎送糕点礼物,鸣炮高悬,前往庙山,谢恩还愿";(5)看庙人说:"希望观音保佑,早得贵子。"

在民众看来,许愿的愿望如果实现,就必须还愿,还愿是民间的"法",在民众看来,不还愿早晚是要遭报应的。还愿的仪式是:(1)还愿的夫妻携带礼物、抱着孩子而来,礼物包括鞭炮、面馍、被面等;(2)执殿人首先询问夫妇姓名及孩子姓名,来此缘由。她说:"人有诚心,心有感应,响炮、搭红、还愿,让娘娘保佑孩子平安,健康成长,聪明";(3)来者向观音娘娘磕三个头,并献上礼物,在箱内放20元功德钱;(4)执殿人让夫妇二人找到各自所属生肖,从头摸到尾,在生肖像前压一块压岁钱;(5)执殿人取出三个平安护身符,并嘱大人的护身符放在自己钱包里,孩子的包在红布里,放在孩子身上可以保平安。①

求子习俗作为一种民间信仰已渗透、表现在岁时风俗、人生礼仪、交际游乐、神话传说、器物佩饰以及衣食住行等诸方面。观世音本身是佛教文化的重要菩萨,在求子过程中还有颂经、造像、捐资、行善等内

---

① 邢莉、王雪、刘明等于2014年8月在甘肃泾川西王母庙会的民俗实地考察。

容,这些内容都与弘扬佛教文化、宣传佛教教义有关。

在有的灵验事迹中,观世音所送之子干脆是僧人所托生的。《辩正论》载:晋山东琅邪王珉无子,其妻常祈观世音。后珉与一僧情意相投。僧曰:"我死当为君作子。"后僧人谢世,其妻有孕,"所生之子……即解西域十六国梵音,聪慧过人,器度不凡"。①珉妻所生之子为僧人之转世,而这个转世灵童又能晓佛音。这里宣传了佛教的轮回观念。中国传统观念认为"未知生,焉知死",故很少探讨死以后的情形,而佛教传入中国后,民间开始相信三世之说,以为生有所从来,死有所从往,不问今生,但问来世。僧人视死如归,而王珉之子又为名僧正是这种轮回思想的反映。

向观世音求子的习俗是佛教在中国本土世俗化的反映。本来印度佛教认为,人生是苦,人生无常,不值得留恋,只有今世的苦修,才能争得来世的幸福;而中国传统观念注重子嗣与家谱的关系,盼子甚于求爱。汉班昭《女诫》云:"惟寝席之交,而后有夫妇之情,可以无爱,但不可无子。"不孝有三,无后为大,这就在伦理道德上形成对千百万妇女的精神重压。美学家李泽厚认为,与西方的罪感文化不同,中国人的实用理性自始至终地保存着乐感文化的特征,这就是"生生之象"。此习俗根深蒂固地存在,既表现了封闭的农业大国对人口生产的实际的功利的追求,又表现了这一信仰习俗将原始信仰、佛教信仰、社会制度、心理因素等相互联系所形成的独具特色的生育文化体系。观世音送子为中国的乐感文化增添了光彩。

---

① 参见(宋)李坊:《太平广记》第二册,第841页,大众文艺出版社1998年版。

水月观世音菩萨，明，壁画，宋兴亮临绘

白衣送子观世音，清，版画，沈长藩绘

三、观世音与孕产

"乐生"是中国崇拜智慧的本体意义所在。中国本土文化道家哲学以"生"的崇拜开始求道,"道生之,德畜之。长之育之……是谓玄德"。作为生物物种之一的人类,极为重视人的自身生产,也只有人类,才能产生丰富的生育文化。由于生理机制的不同,女性的身体结构先天地背负着延续物种的自然命运,女人作为生物个体的存在,总是具体地表现在人类繁衍的每一个细节。女性在历史上存在的重要意义之一是孕育生命、降生生命、抚育生命。

旧时称妇女怀孕为"有喜",婴儿降生为"添喜",婴儿降生后要"报喜"。喜则归喜,但是从女性性功能的角色讲,分娩却犹如过生死关。旧时称妇女分娩为"阎王爷那儿走了一遭","孩儿的生日,娘的难日"。分娩过程长达几小时甚至十几个小时,妇女不仅身体要承受巨大的痛苦,而且此时由于心理的恐惧、焦虑和压力,也很容易产生情绪上的不稳定,出现心理引起的各种身体并发症,或出现神经衰弱、精神病变等等。西方的精神分析学者海曼、卡普兰、比布林、本尼迪克特等都做过分析,他们把怀孕和分娩视为每个女性心理发展的重要阶段,做母亲代表了人一生一个重要的转折点。因此正如精神分析学家比布林曾描述的那样,"个人在这次转折中,面临着新的里比多,面临着顺应危机,

白衣观世音菩萨，近代，张大千绘

面临着早期发展阶段各种心理冲突的复苏"①。分娩是对产妇身体和精神双重考验的严峻时刻。在中国民间，在妇女怀孕和生产期间存在着种种禁忌。中国妇女信奉的子孙娘娘、催生娘娘、注生娘娘、金花娘娘，都是保佑妇女生育和婴儿的保护神。

由于妇女对分娩的希冀与恐惧，她们自然把希望寄托于观世音。清赵翼《陔余丛考》卷34载："许洄妻孙氏临产危苦万状，默祷观世音，恍惚白氅妇抱一金色木龙与之，遂生男。"②《印光文钞》也有同样的记载。其记陈锡周妇胡氏在临产前"忽大病，身热如火，口噤体僵，不进浆水者廿九日"。这时梦见观世音菩萨飘然自南海而来，观世音万般慈爱地用莲花指其身体并细语曰："拂去业障，好生佳儿。"果然病愈并顺利生产。

从女性人类学的角度审视，生育对妇女来讲是一种社会担当。生孩子的经历就已成为履行妇女社会角色的担当，当新生的婴儿在母体中躁动并且从母腹中诞生时，母亲感到她们托起的是人类的太阳，充满愉悦和荣耀。所有的妇女在那个时候都具有像《圣经》故事中犹太人始祖亚伯拉罕妻子萨拉那样的渴望与追求，所以她们能面对生孩子的痛苦，勇于面对妇女角色。但是，旧时人不许孕妇多运动，造成胎儿过大，一般所谓难产不外乎生产迟缓、横生倒死、胎死腹中、胎衣不下、母死子活或母子俱死等等。难产死者痛苦万状，不可言述，妇女为此付出了多么沉重的代价。《观音灵验记》载："仇晋妻缪氏，孕后梦至一年，门额书红衣室。内悬红纸衣服及空棺一，旁人云：此与产妇者。"这似为幻觉，

---

① 〔美〕J. A. 谢尔曼、F. L. 登马克编著：《妇女心理学》，高佳等译，中国妇女出版社1987年版，第71页。

② （清）赵翼：《陔余丛考》卷34，河北人民出版社2003年版。

也可能是在医疗落后年代残酷的现实。《南海慈航》载:"徽州方岩秀世植德。妻黄氏,殁于产。"在过去,由于临产而丧命的何止万千,这使多少婴儿失去了母爱,多少家庭失去了快乐。人们祈祷于观世音,希望观世音能转危为安,救妇女于水火之中。观世音可以使小产的妇女孕满得子,可以使难产的产妇易产并且在顺产中由女婴转为男童,这是何等的神力。观世音的道德标准是普救众人,特别是对女性博爱的情怀。

相传京郊农民牛哥与琼妹为一对夫妻,将近临产的琼妹给牛哥送饭时遇到瓢泼大雨,二人都被打得昏死过去。雨过天霁,琼妹含笑抱着一个红光满面的胖娃娃站在牛哥面前,说她梦见了观世音菩萨,告知他们的儿子已平安降临人间。[①]台湾也有类似的感应事迹,据《台湾民俗》载,当某女难产时,来了另一位妇女助产,助产的妇女说自己是三分埔松竹寺的人。后来即诱导人来到三分埔,只见一尊水观音在松竹树下。观世音,这位中国妇女所塑造的保护神在漫长的历史长河中给绝望的妇女带来了勇气,把恐惧变成了希望和憧憬。

观世音不独帮助妇女渡过产育难关,而且帮助妇女治疗各种疾病。《劝戒类钞》载,康熙年间吴门蒋氏患腰疽,昏厥一夜,后祈观世音而愈。《敬信录》载,汾阳侯纯孝妻得痰迷症二年,又患眼病,后祈观世音而愈。《南海慈航》载,观世音使"久盲而愈",度白昼如黑夜的婢女饮瓶中之圣水而复见光明。旧时本来缺医少药,又加之妇女的地位比男子低,在病痛的煎熬中,妇女的身心备受压抑,尤其是广大劳动妇女所受的折磨是难以描绘的,她们笃信观世音,因为观世音给广大妇女带来了意外的福音。民间流传的观世音帮助妇女顺产与治病的传说宣扬了信奉佛教的力量。另外,又有道家法术的杂糅,例如观世音顺产的方法是

---

① 《香山的传说》,中国文联出版公司 1985 年版。

慈容三十五现，明，版画

念符咒，中国民间催生流行各种"催生符"、"催生咒"，观世音治病也施用了民间医药，这是佛教文化与中国本土文化相结合的有力佐证。

中国的传统观念历来重男轻女，以为生了男孩可以香火不断、子孙满堂、人丁兴旺。《诗经》上弄璋弄瓦之说早已规定了女子的卑微地位。从"唯女子与小人难养也"到"女子无才便是德"，从"女人祸水论"的贬斥，到"小雪之日，冬虹不藏，妇不专一"、"大寒之日，鸡不始乳，淫妇乱男"的比喻都顽固地显示着重男轻女的陋俗。中国自古就形成了这样一种最特殊而又最不平等的观念，即"女性非子"，子为滋生长养之意，为男子的专利权。《大戴礼记》上说："女者，如也，子者，孳也；女子者，言如男子之教而长其义理者也，故谓之妇人。"可见妇女完全失去了独立的人格和地位。在父母眼中成为"赔钱货"。

残害女婴的恶习是中国女性悲剧的一个极端的事例。据说在明清时代弃女婴的事非常普遍，有的从一呱呱落地就被用水溺死。可怜天下父母心，不重生女重生男，幼小的生灵被残酷地扼杀于襁褓之中。明代作家冯梦龙曾起草《禁溺女告示》，清代学者郑观应的《劝戒溺女》、施闰章的《戒溺女歌》、秦智洪的《崇明风俗有生女即委弃者感赋》等诗文都是进步文人对此逆天悖理之事发出的痛心疾首的呐喊。在民间，人们把拯救女婴的希望寄托在观世音这位圣母身上。《南海慈航》里讲，新安郡吴德昌连生五个女儿，按陋俗，"人劝其溺"，但他坚决不从。后梦至神庙，见神微服坐，德昌向神再拜，神扶之起，神告诉他放生有功，而陶姓家第七子有善根，因其家德薄，因而要托生到你家。果然昌妻陈氏生一子。当罪恶的传统势力像黑涛巨澜一样吞噬着女婴生命时，观世音赞赏了不杀女婴的行为。这善良的菩萨对恶习的挑战安慰了多少慈母的心灵！据传说，观世音菩萨还持有《戒溺女歌图》：

金陵沈象贤惠，有志之德士也，五十无子。忽一日，见白衣道媪曰：汝能劝千人不溺女，则阴骘无穷矣。象贤逊谢不能。媪曰：我有《戒溺女歌图》，汝果能刊施，何止劝千人耶？爰出视中卷授之。象贤正捧阅，媪忽不见，心知菩萨示现也。因捐资印施千卷，未见，连举二子，皆英年登第，象贤年九十三，无疾而终，异香满室焉。①

《点石斋画报》中有《溺女显报》的画面，一位悍妇溺死了自己亲生的女婴，结果失足摔得头破血流，民间谓"现世现报"。溺女，为女性悲剧之极，又何尝能视为男子之荣耀，又何尝不是社会之惨剧？它撕裂的是天下父母之心，因此遭到了有志之士的猛烈抨击。自号为鹤洞子的评《戒溺女歌图序》云："呜呼，溺女之狂澜一日不回，菩萨之颦眉一日不展，普愿讽其歌披其图者，互相传戒，力挽颓俗，家家之子女团圆，户户而祥和洋溢。"只有彻底结束这种陋习，才能形成和谐的社会图景，在结束东方女性悲剧的帷幕上，我国广大劳动人民信仰的观世音菩萨表达的是广大妇女的心声。

---

① 《拯婴录》，见《观世音菩萨灵感录》。

溺女顯報

虎毒不食兒況人乎乃鄉僻
婦女往往有肆其殘忍因生
女而遽行溺斃者噫是豈獨
無人心者我甯波奉化唐墓
有馬阿洞之妻某氏悻悍而忍
膝下已有兩男一女深慮食指
日繁後遇弄瓦即行淹斃非
一次矣夫深悔之常動以果報之
說勸令改過婦伴允之近日復產
一女夫防之維謹婦無奈伺其出
也潛復下床將孩仍覆於水帨迫
間夫急跌地額角洞穿血流汍滂
越日殞命書曰自作孽不可活其
此婦之謂矣溺女者其亦鑒之哉

溺女顯報

四、观世音与育子

如前所说,中国的生育文化是其乐感文化的重要组成部分,期待新生命的降生是令人喜悦的,但是新生命的成长却需要一个艰苦的抚育过程。过去由于自然条件的恶劣和科学知识的缺乏,婴儿长大成人是一件极为困难的事。《千金翼方》云:"儿生枕骨不成者,能言而死。膝骨不成者,能倨而死。掌骨不成者,能匍匐而死。踵骨不成者,能行而死。髌骨不成者,能立而死。身肉不收者死。鱼口者死。股间无生肉者死。颐下破者死。阴不起者死。囊下白者死,赤者死。"[①] 这段话讲到小儿骨骼是有欠缺的,因而不易养活。此书又云:

> 论曰:儿三岁以上,十岁以下,观其性气高下,即可知其夭寿,儿小时识悟通敏过人者多夭,则项橐、颜回之流是也。小儿骨法成就威仪,回转舒徐,稍费人精神雕琢者寿。其预知人意,回旋敏速者亦夭,则杨修、孔融之徒是也。由此观之,天寿大略可知也。

民间重视孩子的成长,认为小孩子的成长要经过二十八道关,也有的概括为七灾八难。俗语说"养儿方知父母恩",就从另一侧面表明

---

① (唐)王焘:《外台秘要》,人民军医出版社2007年版。

育子的艰辛。为了使婴儿顺利成长，达到人生命的完美，中国民间形成了育子的种种禁忌和一整套生命礼仪，同时，他们也把这种希望寄托在观世音身上。按照李泽厚先生的说法，实用理性是中国传统思想在自我性格上所具有的特色，这种实用理性也表现在对观世音育子的信仰上。

民间认为，婴儿在襁褓时期，就可得到观世音的护佑。褚景贤《南海慈航》序云：

> 贤向以颂经获福为妾，娶妻八年，不育。妇翁谓印观音经，持观音斋者，历昭显应，妻遵行之，得梦兆，将生，又梦媪与之子，且赐名曰积。及生，符所梦，遂以命名，予尤笑而不信也。后疾病危难中，每著灵疑，乃疑信参半，且次子病吐泻，无生理，哀祷大士，誓辑南海慈航，改过行善，甫祷，吐泻立止，能食乳。尤异者，妻本乏乳，更忧子病，数日废寝食，乳无半滴，祷后乳忽涌至，自维良德，竟以片念广化之心，上动大士悲悯。①

婴儿呱呱坠地，喂乳关乎着婴儿的成长。中医很讲究安全哺乳的数量、质量和方法。他们认为不能喂得太饱，也不能喂得太少，应该适量。喂乳时还要注意不要噎了婴儿等等。但是由于科学之贫困，再加之广大劳动妇女物质的匮乏、生活的奔劳、精神的压抑，乳汁的数量和质量受到影响。前引例说明只有祈祷观世音才能得子育子。观世音信仰的道德力量，背后响彻的是广大劳动妇女渴求婴儿健康成长的心愿。旧时江苏镇江小儿生日必请和尚念经祝福，据《西石城风俗志》载，（小儿）生日即召僧于家颂观世音经，谓为"保寿经"。

---

① （清）褚景贤：《南海慈航》，见张妙首选译：《观世音菩萨本迹感应颂》（增订本）。

民间俗语说：吃五谷杂粮长大的，哪有不生病的。过去各种各样的疾病吞噬了千万个幼小的生命，面对无辜生命的毁灭，重于亲子之情的父母只好在哀痛与无奈中向观世音这位保护神发出祈盼。《高王经灵应》刊载了这样一个故事：汪德成梦见一个老人告诉他，他只能活到十八岁，后果然"及病将危"，在他的生命危在旦夕时，老僧告知其父要广行善事，其父即于观世音前"立愿广济"、"跃踊立行"，因而其子免病脱灾。中国民间观世音有起死回生的力量。

《南海一勺》刊载了一个动人心魄的事。宋人徐熙载的爱子夭亡，夫妇恸甚。在其子去世同年，他"诣南台寺供佛"。长老指示他供观世音。他照嘱咐携书斋供养。过了一个月，奇迹发生了："已有黄峰作泥窠如龙眼大。其子同时飞出，二巨者甚伟，一细者几不能追随。钟喜曰：'螟蛉之子。蜾蠃负之。'祝曰：'类我，久则肖之，舜俞（徐熙载字）他日当有三子矣。'明年，果以八月二十四日生男，继又得两男，但季秀而不实，符弱蜂之应。"对观世音祈祷的效果可现，爱子盼子之急切可现，因而虽为螟蛉之子也异常珍贵。爱子之心，人之本性，这除了属于人类普遍的感情范畴之外，又加上了中国家族以血缘关系即父子关系为主轴的家国观念。"夫妇有别则父子亲"，在中国的传统观念里，无子即无嗣，无嗣即灭祖，在旧制度下，孩子的健康为家庭兴旺的象征，为父母心之所系。《善余堂事笔乘》云：某婴儿患小儿麻痹症，至于"五岁不行"。农夫告其母心诵观世音偈，偈云："大智发于心，于心无所寻，成就一切义，无古亦无今。"尔后"三月步履如常"。

在孩童的成长过程中，天花是一种很厉害的传染病，由于不懂医学，孩子染上天花，死亡率相当高。《金瓶梅》第58回潘金莲咒骂李瓶儿的儿子官哥说："也不曾经过三个夏至，又不曾长成十五六岁，出痘过关，上学堂读书，还是个水泡，与阎罗王合养在这里的。"可见，出

千日关和短命关，云南，纸马

痘是孩子的一关，孩子出了痘，才有长大成人的希望，否则还处于生与死的选择中。因而民间有"躲天花"之说，旧时安徽南部的小儿初生之年底，点燃外婆家送来的纸扎花灯，于除夕夜由母抱儿举灯躲入厕所，念曰："一颗麻，一颗豆（痘），种种无人知。"以为这样可以免小儿出天花。民间若此，宫廷也不能免俗。吴相湘《晚清宫廷实纪》载同治出痘之事。过去孩子易出天花，如果调理不好会成麻脸。

同治皇帝究竟是否出过天花要为历史学家所探究。我们从民间习俗的角度考察，可以看出人们对天花的高度重视。观世音菩萨既为护佑孩子的圣母，其博大的慈爱与非凡超俗的神力定能拯救患痘的弱童。《南海慈航》有两则记载：

> 周华卿史，二子其患痘垂危，翁媪痛哭，谓若死，当与之俱。夜梦僧曰，印施观音经一藏保无恙，遂发誓改过行善，刊经印播，痘俱愈，后俱登第。

阿耨观世音

> 会稽章宗潮,幼女患痘危,设坛诵大悲咒数千遍,无恙。

在中国老百姓的心目中,特别是在中国妇女的心目中,观世音以大慈大悲的博爱之心拯救生命垂危的儿童,使幼童重获新生。《涅槃经》云:"菩萨修慈悲喜,得住极爱一子之地,何名一子,如父母爱子夭亡,愿与迨苦,菩萨亦尔。"从佛教的观点看来,菩萨之爱子同于父母,甚至高于父母,这是一种普遍性的大爱,是一种能拨响人们生命旋律伟大而高超的力量。正是出于这种信仰,老百姓认为观世音治天花有各种各样的方法。《观音灵验记》载观世音化装成一穿白衣的老婆婆亲自入病室,"左手持升,右手操小帚,向子头心腹扫痘升中。扫竟曰:'儿无虑也。'遂寤,子痘顿痊"。有时观世音"吹气顶门者三,子痘轻愈"。有的梦见出痘时"群鹊狂噪",而梦见"喜鹊衔珠",即痘全消失。这些记载在劝导人们信仰观世音的同时,表明了人类控制疾病的强烈愿望和痛切的爱子之心。

民间认为幼儿出痘是由痘神控制的。痘神谓谁,说者不一。《三教源流搜神大全》卷5谓张帅;《封神演义》第99回谓"封余化龙为主痘碧霞元君,率领五方痘神";《铸鼎余闻》卷3引《湖北黄冈县志》云明代柳夫人,又据施鸿保《闽杂记》云娘娘神;北方娘娘庙所祀九位娘娘之中就有斑疹圣母保佑和慈元君。对于痘神的功能也说法不一。有的认为痘神是瘟神,而观世音具有控制痘神的神奇力量。据《高王观世音经》载:

> 清山阴吴国鼎,常颂高王经,乾隆间,偶午寐,恍见双童入内,即退出,问何人,空中应云:痘瘟神也。因汝敬诵观音经,避去,旋子女出痘,无恙。

此为痘瘟神惧怕观世音之例。尔后随着医学的发达，为免得天花，人们懂得种痘。种痘起于何时？据日人丹波元简所著《医賸·种痘》记："医通云：迩年有种痘之说，始自江左，达于燕齐，近则遍行南北，详究其所源，云自玄女降乩之方。"《医宗金鉴》云："古种痘一法，起自江右，达于京畿，究其所源，云自宋真宗时峨眉山有神人，出为丞相王旦之子种痘而愈，遂传于世。"①

在民间，人们认为能种痘的峨眉神人即观世音所化。《痘疹定论》云：宋代有一个叫王旦的人，命运多舛，几个儿子都因患麻疹而夭折，不料最小的爱子又得了麻疹，他焦虑万分。这时有一女尼治好了小儿的病。王旦重金酬谢，她坚决不收，并称自己是观世音的化身，愿天下婴孩不伤夭折。

观世音不仅能够保护幼童摆脱疾病的折磨，健康愉快地成长，且能够使儿童在成人后有所作为。在民间，观世音是能给幼童以智慧的圣者。《鞭心录》载一事，一人见佛寺破败，因曰："菩萨慈悲，能与人智慧，某愿重修此殿，求子孙有读书者。"当他使佛寺焕然鼎新后，"其孙尧中、曾孙梦斗，相继登第"。在传统社会，读书做官，"学而优则仕"是成才的唯一途径。不仅豪门贵族望子成龙，希望子承父业，光宗耀祖，而且由于统治阶级思想的影响，平民百姓也发出"朝为田舍郎，暮登天子堂"的希冀。此时又是观世音菩萨满足了人们的祈望。

很多记载都表明只有诵观世音、念观世音、奉行观世音，进行道德修行，方能实现期望。但亦有不遂人愿之事。《现果随录》载明人黄韫生之父曾梦观世音送子，并告之："念汝勤苦，诵经行善，寻得一绝好秀才与汝。"其子虽勤奋苦读，终于"文名噪海内"。但终不能登第，

---

① （清）吴谦等编：《医宗金鉴》，郑金生整理，人民卫生出版社2006年版。

"感愤世变",悲愤缢死。此事在一定程度上暴露了旧时的黑暗,表明下层民众愤世嫉俗的情感及对现世的绝望。

由于男女的性别角色不同,又加之中国的传统观念,抚育子女的责任历史地落在妇女的肩上。一方面出于女性的生理特征和心理特征,一方面则出于大男子主义的优越感,"妇女们被封闭在厨房和卧室里,人们却惊异她的视野如此狭小,她的翅膀被剪了,人们却叹息她不会飞"[1]。因此,妇女们虔诚而急切地盼子成才。在抚婴育子的过程中,观世音再一次放出保护神的光彩,成为妇女的心灵慰藉。

---

[1] 〔法〕西蒙娜·德·波伏瓦:《女人是什么》,王友琴等译,中国文联出版公司1988年版,第403页。

《法华经》中的观世音，佛经插图

第九章

崇拜仪式与物化形式

  观世音信仰深契于中国民众的心中，但它不只纯属于精神范畴，作为一种信仰文化，它是精神文化与物质文化的复合体。它不仅存在于信仰者的信念中，而且存在于观世音庙的建筑中，存在于普陀观世音道场的仪式中，存在于遍及千家万户的民俗行为中。人的信仰不仅能创造出蕴含丰富的精神体系，而且能创造出与其相适应的内涵深厚的物化形式。这些物化形式的存留不仅成为破译观世音信仰的"物语"，而且铭刻着中国民众的智慧。

全相观世音图，清，版画，俞满红临绘

一、观世音圣殿

观世音圣殿有多少，现在很难统计。历代文献记载比比皆是。观世音圣殿自何时始，也很难推算。唐宋时期是观世音中国化的成熟期，全国建有众多观音寺庙。

至明清两代，建庙造寺之风有增无减，"佛典何必深山求，处处观音处处有"。以北京为例，据说清代乾隆年间北京城内各种观世音寺达106座。清励宗万《京城古迹考》"显应寺"条云："寺在黄村，俗称皇姑寺，今查寺共五层，入山门，钟鼓楼二，前殿天王圣祖赐榜曰'显应寺'。大殿观世音赐榜曰：'水心柏子。'"[①]

在延延绵绵的历史长河中，不管文明如何推进，不管如何改朝换代，各地大大小小的观世音殿、观世音堂、观世音庵装饰着华夏大地。它陪伴着民众的生活，成为民众信仰的精神文化空间。在此列举几座观世音圣殿。

杭州灵隐寺。灵隐寺坐落在杭州西湖北武林山麓，既具石窟艺术的粗犷，又具砖木艺术的细腻。灵隐寺第一层天王殿下悬着"云林禅寺"和"灵鹫飞来"两块匾额。"云林禅寺"为康熙御笔所题，而"灵鹫飞来"则表明此地是释迦牟尼的真传。其主殿大雄宝殿占地1200平方米，殿高33.6米，以朱红、油绿色彩装饰的单层重叠屋脊，翘角饰以双龙

---

① （清）励宗万：《京城古迹考·日下尊闻录》，北京古籍出版社1981年版。

抢珠为图案，极富中国气派。在主佛像释迦牟尼的两厢，供奉着二十诸天佛像，后排有助佛行道的十二大菩萨，观世音为其中之一。此观世音是以唐代著名雕塑为蓝本而创作的。释迦牟尼像的后面是以"童子拜观音"为主体的"善财童子五十三参"海岛立体塑像群。塑像群高大雄阔，巍巍壮观。民间匠人的技艺溢于言表。

晋江龙山寺。此寺位于福建晋江安海镇。建于隋代，明清两代又重修。寺内千手千眼观世音像高4米多，头戴花冠，冠中雕一座佛，其主手合十，两旁有1008只手，手姿舒张不同，如一巨大的扇面，每只手掌中均有一眼，似能洞知人世的一切。

长沙岳麓山寺。此寺建于西晋，被称为"湖汀第一道场"。岳麓山腰有一座观音堂。其楹联云："万亿香水海，百千日月光。"堂内有一高3米多的观世音像。明眸微启，面相温柔。殿内四壁有历代名画家所画的石刻观音像。唐吴道子的观世音像如女尼状，宋牧溪所画则披发素净，元赵孟頫所画则装饰华美如贵妇状。主像背后有一四壁观世音，形象与前面主像略同。

乳源云门寺。位于广东乳源瑶族自治县城外，唐五代后所建。其寺保存有南汉大宝元年（958）《大汉韶州云门山光泰禅院故匡真大师实性碑》和大宝七年（964）《大汉韶州云门山大觉禅大慈云匡圣弘明大师碑记》两块重要石碑。殿前有山，名观音山，寺后有峰，名慈悲峰，人们对观世音的膜拜可见一斑。

云南大理观世音庙。云南大理观世音庙亦称崇圣寺。崇圣寺以三塔著称。三塔始建于南诏王劝丰祐时期（824—859年）。南诏为佛国，崇圣寺为护国寺。据《南诏野史》记载，崇圣寺有钢铸雨铜观世音像，其鎏金，头着宝冠，细腰跣足，左臂下垂，持甘露瓶，右臂上举，下裹薄裙。此观世音像独具特色，弥足珍贵。此寺于清咸丰年间毁于火灾，后重建。

昆明圆通寺。圆通寺位于昆明市区内的圆通街，始建于唐朝南诏时代，已有1200多年的建寺历史，是昆明城内最大的佛寺。佛家解释"圆通"是观世音32个名号之一，有"觉惠周圆，通人法性，得无疑惑"的意思，即为开窍、明白之意。圆通寺原名补陀罗寺，为梵语的音译，为光明之意。传说圆通寺后面的山叫"补陀罗山"，此处为观世音道场之一。寺中的大殿仿效普陀山，名叫"圆通宝殿"，主供观世音菩萨。清代康熙年间参照普陀山的规制，凿海印池，池上增建八角亭。今大殿后面对石壁上还能看到清人摹刻唐代著名画家吴道子的观世音画像碑刻，经大水后光绪年间重修，主尊神台上换塑三世佛后又在背后补塑西方三圣，即正中阿弥陀佛，左右分别是观世音和大势至菩萨。最有吸引力的是，大殿的左右两壁排列着十尊坐姿不一的观世音菩萨，每尊塑像旁都有善财童子侍立，身后绘紫竹林、南海、潮音洞等。这是暗喻观世音坐在南海潮音洞旁紫竹林禅院内修道。为什么有十尊不同姿势的观世音菩萨呢？原来观世音在修行过程中经过由低到高十个阶位才修得正果，这十个阶位，正表明其修行的艰苦过程。元朝大德五年（1301）建圆通寺，元朝皇帝"赐玺书嘉"，直到元延祐六年（1319）才告完成。明朝和清朝，均得到扩建重修。

湖州铁佛寺。湖州铁佛寺始建于北宋天圣三年（1025）。嘉泰《吴兴志》载，北宋乾兴初（观世音基座盆铭文为天圣三年）有僧鉴真筑铁观世音像，置开元寺东南隅（开元寺东廊），后经火灾，经故址建宇、廊、庑五十余间，号"铁观音院"。南宋绍兴二十二年（1152）改为广福观世音禅院，内供铁观世音像。嘉泰年前，开元寺及西廊尽废，东廊广佛禅院因别立门。后经历代起伏，至今身高2.15米，重约1.5吨的铁观世音像依然耸立。观世音发髻高踞，两手交叉胸前，赤脚站在莲花

思维菩萨两身，初唐

观世音半跏像,宋,木雕,孙秉山临绘

台上，倾听梵音。湖州铁佛寺的观世音造像及周边民众的观世音信仰占据重要的地位。

北京潭柘寺。北京潭柘寺内有座观世音殿，相传为皇帝忽必烈的女儿所建。观世音像造型精湛，形象生动。观世音像前有龙女拜观世音及善财童子求知从师的塑像。最可贵的是，殿内还保留妙严公主的拜砖。相传妙严公主在观世音殿内跪拜诵经，"礼忏观音"，每日礼拜多次，五体投地都印在砖上，拜痕入砖欲穿，其虔诚若此。这块拜砖具有文物价值和民俗学价值。

泰山观音寺。佛教传播在北方以洛阳—长安—泰山（齐州）为中心。因此，在佛教开始兴盛的魏晋南北朝时期就有名僧入泰山，建寺修庙多处。元李谦《重修竹林宝峰禅寺记》说：

> 泰山竹林寺法海禅师筹资修寺。乃创为绘塑大雄萨乘、护法神将百有余尊，光灿具足，至今显然……自是法缘洪振，众悉依归，人人皆以菩萨称之。居无几何、东振齐鲁、北抵幽燕，涉赵魏，南拒大河，莫不闻风趋附，其送施者朝暮不绝，以资贿衣物、积如邱阜，于是乃修观音堂，文殊殿、方丈、寮舍、钟楼廊庑百余间，四方下院三百余处，剃度小师（沙弥）有余人。①

此为一处。另灵严寺大雄宝殿后面是宋五代殿的遗址，也是专门供奉观世音之处。据《灵岩志》载："此殿架阁两层，上祀三大士，中为观音，左为文殊，右为普贤，下祀圆通菩萨，四方各五间，四门龟首四出，回

---

① （清）唐仲冕编撰，孟昭水校点集注：《岱览校点集注》，泰山出版社 2007 年版，第 464 页。

廊壮丽。"在佛教经典中三大菩萨地位平等，各显其能，而此庙宇中观世音居要位，可见其地位之高。另有一处为泰山对松山的大悲殿，原供一千手千眼观音菩萨。

太原崇善寺。此寺为1382年所建。崇善寺内有大悲殿，大悲殿面向南，正中的须弥座上有三尊泥塑贴金菩萨像，此三像均在8米以上。其正中为千手千眼观世音菩萨塑像，左为文殊菩萨，右为普贤菩萨。这座明代塑像明显突破了宋代塑像秀丽妩媚和文弱动人之态，具有盛唐塑像丰满圆润和温文敦厚的特色。从形制上说，属于密宗造像，深受尼泊尔、印度佛教艺术的影响，神秘奇诡，具有象征意味。崇善寺是明太祖朱元璋的儿子为其母孝慈高皇后所造，以补报其养育之恩，所以又是一座皇家祖庙。同治三年（1864）大火毁，而大悲殿幸免。经修，8.5米高的千手千眼观世音像造像奇特，金光熠熠。

贵阳宏福寺。建于清康熙年间，位于黔灵山。占地颇大，气势壮观。宏福寺有正殿十楹，左右厢各十楹，分大佛殿、观世音殿、天王殿、关帝祠、法堂及经楼。中祀毗卢、弥勒、释迦、观世音、关羽，观世音殿内供有的女相观世音高达数米，颈佩璎珞，下着宽裙，显得法相异常高大。

天津独乐寺。位于天津市郊外蓟县境内，这座寺庙建得很早。《盘山志》说："独乐寺不知自何代，至辽时重修。"据有关专家考证，观世音阁和山门是辽代统和二年（984）重建的。明清两代又建缮增扩。观世音阁高达23米，内分三层，中间是上下贯通的天井，古刹蔚为壮观。殿内中央供高16米的观世音像，观世音正襟危坐，眉目慈善。因其建筑中间是上下贯通的，所以无论从哪一层阁坊，都可以观瞻观世音圣像。越发使人感到菩萨神力无限。除善男信女在每年三月掀起膜拜的高潮外，皇帝也为之动容，独乐寺内有乾隆皇帝和咸丰皇帝的匾额"普门香界"和"具足圆成"。在明清之际的战乱中，百姓抵死护寺，因此"城虽屠，而寺无恙"。

台湾龙山寺、剑潭寺、松竹寺。龙山寺为台湾最大的名刹，相传乾隆三年创建此寺。此寺缘起于一传说：相传一船夫在此地休息，走时忘记带香火，香火系在竹枝上，人见写有"龙山寺观音佛妈祖"几个字，于是人们奉祀香火，造寺建庙。剑潭寺位于台北圆山山麓，此寺建筑宏阔。相传康熙年间从厦门来一和尚路经于此，观世音菩萨指示和尚当晚宿于树下，祈求明日过往的商船平安，后果然灵验，因而修建庙宇。松竹寺位于台中的北屯三分埔。此处供奉一尊水流观世音，建于清代。传说道光十年，洪水为害，飘来的木头很似神像，人们膜拜它，称为水流观世音。仅举此三例，台湾民间对观世音的崇信可见一斑。

观世音圣殿的观世音像有塑像与画像两种。因为民间信仰观世音之深，观世音殿内的造像极其丰富，绚丽多彩。大致说来，可分为四类。

第一类是遵照正规佛教经典所绘的观世音像，如圣观世音、大悲观世音、如意轮观世音、七俱胝观世音、不空羂索观世音等。这类观世音像注意标准化，即面相、服饰及手印合乎度量法度。

第二类是经变图。将佛经中所叙的故事绘为图画叫经变图。根据《法华经·普门品》绘画观世音普门示现的三十二应相叫作观世音经变，根据《大悲心陀罗尼经》绘画的大悲观世音经像叫大悲经变。这些绘画既有佛经作依据，又融进了匠人心血，具有中国民间特色。

第三类为曼陀罗画。陀罗意为"轮集"或"坛"，是密宗修行时所供奉的佛像画。其形式或方或圆，有层层众多的佛、菩萨画像，其中有的以观世音菩萨为中心，上下左右四周各有菩萨画像，在此外又有一层或两层诸菩萨或护法诸天像，取"轮圆俱足"之意。

第四类为名画家或名匠人自创的风格。这类观世音像有的遵循佛教经典的规范模式，但更多的是融合了自己的智慧创造。历代名画家如周昉、阎立本、吴道子、颜辉、牧溪、杨芝珠等都画过观世音的像，尤其是许多知名画家参加了寺庙壁画的创作，他们成功地吸取了民间的创造成果，使笔下的观世音具有浓厚夺目的民间色彩。北宋时期名家王霭、高益、武宗元、王拙、孙梦卿、赵光辅、勾龙爽、高文进等创作的主要是寺庙壁画，但随着寺庙被破坏，这些名家之笔也就荡然无存。位于北京石景山区的法海寺壁画面积共230余平方米，是我国明代壁画之最，也是现存的唯一由宫廷画师所作的壁画，其中有一幅水月观世音最为出色，画师以传神之笔画出了肩披轻纱、服饰华丽、形态端庄的观世音形象，引人进入了一个极富魅力的艺术境界。

规模宏阔的观世音圣殿是以空间为表征的。观世音圣殿一般都建在依山傍水之地，善男信女们要经过一段跋涉之苦才能到达，这就增加了人们切盼的心情。猛一瞻望，巨大的观世音塑像本身就给人一种视觉上的开阔和惊异之感，再加上宫殿之巍峨壮丽，红柱雕梁，给人以强烈的心灵震颤，仿佛受到一种力量的巨压，崇拜之情油然而生。按照黑格尔的说法，建筑是对一些没有生命的自然特质进行加工，使它与人的心灵结成血肉因缘。观世音圣殿是民间信仰观念、信仰情感的物化形式。恩格斯评价哥特式教堂内部体现的是"神圣的忘我"，观世音圣殿体现的也是"神圣的忘我"，它使苦难的人们暂时离开尘世的纷扰，进入宁静境界，无比向往天国的静谧，在平庸尘世的生活中重新寻求自我价值和生活的勇气。

观无量寿经变局部,盛唐

观世音菩萨像，清，王瑝绘，王文光刻

二、南海普陀道场

　　道场是梵文 Bodhim anda 的意译，音译为菩提曼拏罗，如《大唐西域记》卷8称释迦牟尼成道之处为道场，后借指供佛祭祀或修行学道的处所。在观世音信仰中国化的过程中，不同的地域形成多个观世音道场。今仅举两例：一是浙江普陀的观世音道场，一是四川遂宁的观世音道场。

　　佛经里记述普陀落迦为观世音的道场。东晋佛驮跋陀罗所译的《华严经》说：

> 　　于此南方有山，名曰光明，彼有菩萨，名观世音。汝诣彼问，云何菩萨学菩萨行，修菩萨道。时，善财童子头面敬礼彼长者足，绕无数匝，眷仰观察，辞退难行。①

　　这里讲得很明确，观世音菩萨在普陀落迦山成道和修道，普陀落迦为观世音的道场。当代观世音研究的学者根据《华严经》的记载和唐代玄奘大师在《大唐西域记》的记述考证，这座山在印度西高山南段，秣剌耶山以东的巴波那桑山，位于提讽弗利县境内，北纬8度43分，东

---

① 《大方广佛华严经》卷50，《大正藏》第9册，第717页下。

经77度22分的地方。① 这样的考证极具参考价值。

普陀山观世音道场的文化空间具有信仰的感召力量。

（1）在主体寺庙的构成上有观世音殿，观世音殿居于重要的地位；

（2）观世音殿的僧侣信徒在高僧大德、圣物、圣迹或事迹的感应下，应用一定的仪式表达观世音信仰，仪式的场所即被赋予了与观世音关联的神圣性；

（3）观世音道场流传着中国观世音起源于此地的传说，并且流传着适合于当代的生态环境与人文环境的观世音圣迹的事迹，这些事迹得到民间信仰者的不断复制，成为累积的精神财富；

（4）该地域的观世音道场经过当时的上层统治者的"敕封"、文化精英的题词题匾，得到反复确认，并将可移动的遗迹、印迹带往他处，进行异地圣迹的复制，构建出大量的新的道场。自然圣迹是信仰者最直接和简单化的参拜标的，"道场圣迹"往往表示圣人所遗留的遗迹或是人们对于超自然的现象产生敬畏和膜拜的标记。

普陀观世音道场有一个兴起和被中国信众确认的过程。在中国人的心目中，普陀山就是观世音菩萨居住的圣地。号称"海天佛国"的普陀山位于扬子江钱塘湾外，为浙江舟山群岛之一，其南北86公里，东西宽35公里，周围屈曲百余里，四周烟波浩渺，水天一色，岛上层峦叠嶂，郁郁葱葱。"普陀山"之名，出于佛典。唐译《大方广佛华严经》说：

> 于此南方，有山名补怛洛迦，彼有菩萨，名观自在，……海上有山众宝成，贤圣所居极清净。泉流萦带为严饰，华林果树满其中。最胜勇猛利众生，观自在尊于此住。②

---

① 李利安：《观音信仰的渊源与传播》，第71页。
② 《大方广佛华严经》（唐代般若译本）卷16，《大正藏》第10册，第732页下。

普陀观音菩萨

又《大唐西域记》卷10载：

南印度秣罗距国南滨海有秣刺耶山，秣刺耶山东有补陀洛迦山，山径危险，岩谷敧倾，山顶有池，其水澄镜，流出大河，周流绕山二十匝入南海，池侧有石天宫，观自在菩萨往来游舍。其有愿见菩萨者，不顾身命，厉水登山，忘其艰险能达之者盖亦寡矣。①

《华严经》和《大唐西域记》的记载均说明，佛经音译的补陀洛伽山或普罗多山，意译为小白花树山或光明山，相传观世音就在此光明山上。这片山水环绕的圣地就是印度的观世音道场。

中国人笃信观世音，因为慈悲与智慧兼具的菩萨性格深契于中国百姓的情怀。在民俗信仰中，以一声"南无大慈大悲观世音菩萨"的圣名来解救百姓的一切苦难，因此，观世音的圣地不能在离中国本土万里之遥的印度，而要搬到善男信女云集的中国。中国人的观世音道场就在浙江宁波的普陀山。

普陀山有普济、法雨、慧济三大寺。普济寺位于佛顶山南灵鹫峰下。五代时潮音洞下的"不肯去观音院"移至此。隋唐时期，观世音信仰在下层民众中迅速流传，尤其在沿海地区和海岛渔民中间，观世音成为供奉的主要神祇。唐大中年间，已有中外僧侣到普陀山。元代官

---

① （唐）玄奘述，辩机撰：《大唐西域记》卷10，《大正藏》第51册。

方的大臣来普陀进香,除了拨币修寺外,还赐予山地田亩作为普陀观音寺寺产。元顺帝元统二年皇太子来山进香,施钞千锭,在普陀兴建了一座"多宝塔",这座全部用太湖石砌成的多宝塔,已成为浙江一带唯一保存完整的元塔。

宋神宗元丰三年赐名为"宝陀观音禅寺"。宋宁宗嘉定七年,御赐"普陀宝陀寺"、"大圆通宝殿"匾额,指定普陀山为重点供奉观世音的道场。自此,普陀山便与供奉普贤菩萨的峨眉山、供奉文殊菩萨的五台山以及供奉地藏菩萨的九华山一起,被称为中国佛教四大名山。宋高宗绍兴元年,高僧真歇和尚在高宗的赏识和支持下,动员全山(多户渔民迁往外岛),使普陀山成为"有宅皆寺,有人皆僧"的名副其实的清净佛国。明万历三十三年(1605)由朝廷拨款重修,赐为"护国永寿普陀禅寺"。普陀观世音道场曾达到史无前例的兴旺时期,朝廷先后六次差遣内宫宦官到普陀进香,赏赐大量金银并钦赐"护国永寿普陀禅寺"和"护国镇海禅寺"御匾两块。从此形成朝廷朝拜普陀观世音的祖制。

至于清代,普陀山的观世音道场持续兴旺。《普陀山志》载:"康熙二十八年,圣祖南巡,遇观音现渔妇身,驾舟迎驾互有问对,因发帑建普济、法雨二寺。"康熙三十年,题额为"天花法雨",于是更名为"法雨禅寺"。后殿供奉有观世音的坐像高 88 米,男身。殿顶有木雕金龙九条,口含明珠盘绕在佛像上方。康熙三十八年(1699)又修,钦赐"普济群灵"额匾。大圆通殿为普济寺的主殿。"圆通"是佛教徒对观世音菩萨的尊称。殿内供奉观世音菩萨像,左右两侧为观世音菩萨的应身像,共 32 身,金光灿烂,各尽其态。大殿后壁是童子拜观世音像,其以"善财童子五十三参"海岛立体塑像群为主体,其中有形塑各异的佛像 150 尊。在里面有一尊千手千眼观世音像,所塑观世音神采飞扬。而且拆南京明皇宫的九龙殿和琉璃瓦建造了法雨寺的"九龙观音殿",并

观世音菩萨像，近代，王震绘，林德成刻

且颁旨天下，宣布普陀山观世音道场"乃朝廷香火"，"务令天下臣民共种福田"。慧济寺又称"佛顶山寺"，在佛顶山右。明僧人慧圆于此建立慧济庵。乾隆年间又重修明僧圆慧石碣镌刻的"慧济禅林"，建大雄宝殿、玉皇殿、大悲楼等，建筑雄伟，富丽堂皇。由于官方的重视和提倡，普陀山观世音道场成了官办的佛教圣地，观世音也就从民间女神一跃而成为钦定的海上保护神。

至于为什么把浙江舟山群岛的普陀山作为膜拜观世音的圣地，则存在着种种说法。

唐大中十二年（858），"日本国沙门慧锷，礼五台山得观音像，道四明将归国，舟过普陀山附着石上不得进，众疑惧祷之曰：'若尊像于海东机缘未熟，请留此山。'舟即浮动。锷哀慕不能去，乃结庐海上以奉之。鄞人闻之，请其像归安开元寺。其后有异僧持嘉木至寺，仿其制刻之，扃户施功，弥月成像，忽失僧所在，乃迎至普陀山"[①]。

又《普陀山志》载：五代后梁贞明二年（916），日本僧慧锷从五台山得观音像，将还本国，舟触新螺礁，莲花当洋，舟蔽不前，锷祷曰："使我国众生无缘见佛，当以所向建立精蓝。"有顷，舟行，竟止潮音洞下。居民张氏目睹斯异，亟舍所居筑庵奉之，呼为"不肯去观音院"。

前记为建寺之年代，后记为筑庵之年代。建庵筑寺则为此道场的原始，而均起于"不肯去观音"之说。这则传说很有意义，善男信女对观世音信仰的灵动，是观世音久久徘徊于此而不肯离去。从此，把梅岑岛改为普陀山，并建立第一所寺院"不肯去观音院"。在汉民族的心灵深处，它燃起了跳动不已的烛光。

观世音道场的确立与历代官方不断修建普陀山的观世音信仰空间

---

① 《佛祖统纪》卷42。

有关，又与世代累积的观世音显化事迹有关。普陀山孤峙海中，遥看海景，海天相融，光影明灭，迷迷茫茫，大处若静，缥缈的云雾隐居在岛山峡谷间，时隐时现。相传观世音常常在普陀山显现出种种瑞相。唐大中元年（847）曾有一印度和尚自燔十指而在潮音洞亲见观世音的现身说法。相传元顺帝时，刘仁至普陀在潮音洞前见观世音。《普陀山志》载：

> 更或善财龙女，合掌旁参，罗汉韦陀，步云翊卫，珠幢玉芦，罗立云涛，鹦鹉频伽。飞翔香霭，法身非异，而所不同，譬之春荣万卉，原不择乎薰莸，而月印千江，终自殊其清浊，永乐朝之五现，未能专美于前，滋德堂之全图，不是包罗于后……

这里是一个春荣花开、莺啭鸟鸣的境界。这与其说是客观的描绘，毋宁说是主观的信仰与追求，主客观交融成为人们表达情感和意向的载体，世俗世界的人们期冀能够暂时脱离现实的苦闷，通过"普陀显圣"获得暂时的慰藉。《普陀山志》载：

> 宋神宗元丰三年，内殿承旨王舜封。使三韩遇风涛，大龟负，危甚。舜封惶怖，望潮音洞致祷，忽睹金色晃耀，现大士满月相，珠璎灿然，出自岩洞，龟没身行，还以事闻，赐名"宝陀观音寺"。

又载：

> 元泰定帝至和元年，御史中丞曹立，承命降香潮音洞。见白衣相，璎珞披体，以候潮未行，再叩再现，而善财大士亦在，童子鞠

躬，眉目秀发，七宝璎珞，明洁可数，群众悉见。

连篇观世音显相事迹的记载，不仅表明历代各个阶层——下层的民众、上层的统治者及中层的僧侣阶层对于中国观世音道场的反复确认，而且是观世音信仰中国化、本土化的重要标志。中国人的观世音信仰呈现出一种活形态的表述。

在水绕山环、福天福地的海天佛国，有三次最隆重的观世音法会：农历二月十九日为观世音的诞生日，六月十九日为观世音的成道日，九月十九日为观世音的涅槃日。在这三个重大的日子里，人们摩肩接踵，长途跋涉，如排山倒海的浪涛向普陀山涌来。其活动内容主要有：

水陆法会。水陆法会在二月十八日下午举行。全名为"法界圣凡冥场水陆普渡大斋盛会道场"，其目的主要在于超度世间一切无主的孤魂。水陆法会是《梁皇忏》和唐代密教冥道无遮大斋相结合发展起来的一种法会。一般认为起于宋。北宋杨锷整理金山旧仪，撰成《水陆仪》三卷，南宋志磐又续成《新仪》六卷。现在通行的是明代袾宏订立的《水陆仪轨》。水陆法会包括超度地方上的孤魂野鬼。

"坐夜"。亦俗称"坐山"或"伴观音"。适逢观世音的诞生日，坐夜是在农历二月十八日晚开始的，此夜无数信徒通宵坐在普济寺圆通殿内颂经念佛，为观世音菩萨暖寿，有伴观世音的行为。是时圆通殿内烟香缭绕，灯火通明，男女老幼或坐或起，或虔诚颂经，或实行礼拜，如饥似渴，进入了一片与神灵交流的世界。对此，《点石斋画报》有记：

> 二月十九日相传为观世音大士诞辰，佞佛之徒争以一瓣心音皈依莲花座下，或驾桂楫，或乘肩舆，凡此绣佛长斋无不唤妹呼姨，广结香闺伴侣，是彼固有所谓伴也，而何冀于观音，乃证之鸳湖风

岩洞观世音菩萨，清，王自英绘，杨玉振刻

俗，更有发人一噱者。缘该处观世音寺香烟鼎盛，凡诣寺拈香者，先于十八日夜会启无遮，不论老的少的俏的，立寺之前后左右，低眉合十露坐通宵，谓之"伴观音"。①

所记详细地披露出"伴观音"的热烈场面，因观世音尤为妇婴的保护神，所以妇女居多。村姨婆媳，齐集于圆通殿，所以圆通殿在民间有"活大殿"之称，意即观世音大士有无穷佛法，能广纳天下皈依众生，而不固执拘泥于某类信徒，故称"圆通"。

观世音诞辰庆祝法会。观世音诞辰庆祝法会于二月十九日晨举行。法会由庙方主持。人们梳洗清洁，换上干净衣服，参加礼仪。其仪式主要包括如下六项。

（1）香赞：杨枝净水遍洒三千，性空八德利人天，福寿广增延，灭除罪愆，火焰化红莲。南无香云盖菩萨诃萨（三称三拜）。

（2）称圣号：南无大悲观世音菩萨（三称三拜）。

（3）念大悲咒三遍或七遍。

（4）念观世音赞：

　　观音大士，悉号圆通，
　　十二大愿誓弘深，苦海度迷津，
　　救告寻声，无刹不现身。

（5）观世音偈：

　　观音菩萨妙难酬，清净庄严累劫修，

---

① （清）吴友如等绘：《点石斋画报》，中国文史出版社2018年版。

浩浩红莲安足下，湾湾秋月锁眉头，
瓶中甘露常遍洒，手内杨枝不计秋，
千处祈求千处应，苦海常作度人舟。
南无普陀琉璃世界，大慈大悲观世音菩萨。
南无观世音菩萨。（数百千声）

（6）拜愿：

南无本师释迦牟尼佛（三拜）。

南无阿弥陀佛（三拜）。

南无观世音菩萨（十二拜）。

南无大势至菩萨（三拜）。

南无清净大海众菩萨（三拜）。

拜山。拜山仪式在二月十九日清晨法会后举行。善男信女成群结队经香云路而往佛顶山。千层石阶，累累积成，蜿蜿蜒蜒，似高不可攀，人们三步一拜，九步一叩，虽气喘吁吁，汗流浃背，举步艰难，却不失前进的信心与勇气，络绎不绝的香客中，以女众居多，其中不乏媳妇搀婆婆，母亲扶孩子的动人场景。虔诚的祈愿点燃了人们热烈的情怀，当佛顶山山顶香炉中的熊熊火光和人们心灵闪烁的希望之光互相映照的时候，人们感到一股清凉的慰藉。当我们考察中国文化的民俗心理时，那些如牛负重地在土地上耕耘的人们打破了平时小农经济所表现出来的所谓知足常乐的心理平衡，当他们在现实中的各种欲望得不到报偿时，人们不得不寻找宗教对理性的拯救。荣格认为，这种"拯救"主要是调节人的心理平衡，而调节的方法则是"升华"与"宣泄"。

颂观世音经。诵念有关观世音菩萨的经典经咒也是在中国民间广泛流传的观世音信仰的习俗。其中主要包括观世音经、《大悲咒》、《高王观世音经》、《白衣大士咒》、《观音十句经》、《六字大明神咒》等等。佛经的主要内容一是颂扬观世音的功德，二是颂扬其神力。《大悲忏仪略》里写道：

> 南无大悲观世音，愿我速知一切法，愿我早得智慧眼，愿我速度一切众，愿我早得善方便，愿我早速乘船若，愿我早得越苦海，愿我速得戒定道，愿我早登涅槃山，愿我速会无为舍，愿我早同法性身。我若向刀山，刀山自摧折，我若向火汤，火汤自枯竭，我若向地狱，地狱自消灭，我若向饿鬼，饿鬼自饱满，我若向修罗，恶心自调伏，我若秘畜生，自得大智去。

观世音经典植根于苦难的民众之中，在民众中辗转流传，所以具有浓厚的民间色彩。颂读观世音经的民众并不像高僧大德那样去领悟经典的要义，他们认为只要念出声音来，即有一种不可思议的力量，会产生神秘的感应效验，于是诵经祈福的习俗便在民间蔚然成风。据宋王巩《闻见近录》载：

> 朱道诚妻王氏虽日诵十句观音心咒，但病却日愈严重，后来恍然见青衣人曰："尔平日持观音心咒，但复少十九字。"以后念经加之"天罗神、地罗神、人离难、难离身、一切灾殃化为尘"五句，后病愈并增寿。[①]

---

① （宋）王巩：《闻见近录》，中华书局1991年版。

观世音菩萨，清，达礼善绘，刻石墨拓本

心理上的冲动、狂躁、焦虑、忧郁等过度的倾斜，常会导致人的疾病与早衰，诵念观世音经可以使人的心理趋于平静，以人的心理生理学的智慧应对社会的、自然的劫难，笃信观世音的人处在这种文化"磁场"之中，由于心理磁场的作用，不管其灵验与否，他们都孜孜以求。

发愿还愿。发愿是在观世音像前发出一种誓愿，行跪拜礼，然后读发愿文。发愿主要是颂扬观世音的神力，包括求子、求财、求官、求长寿等。发愿时还包括如果所祈之事灵验，就要礼拜菩萨、修庙建寺、做法事、修功德等。发愿之后就要还愿，引导和匡扶自己的宗教实践，不管有多大困难，一定要兑现。不少朝拜普陀山的人就是来还愿的，有的老妇脑门叩出了血，仍跪拜不已，平民百姓是讲信用和良知的。

建造佛像。自魏晋以来至唐、宋、元、明、清，历代造观世音堂、观世音寺、观世音庙不计其数。在中国民间，普通百姓从事造像造寺造庙等大型活动时，经常采取集体集资的方式，动员全村全乡乃至整个地区的力量。《酉阳杂俎》记载，唐大中年间，长安百姓梦见云花寺观世音菩萨显灵，"遂立社，建塔移之"。

除集社造像之外，民间也有自家营造佛像的。捐资铸像，民间以为功德。许多穷苦的信徒为了来世能摆脱人间苦难，也同样把自己的点滴积蓄用来助造佛像。河南巩县石窟寺17号龛似为北齐所立，佛着菩萨装，两肩披帛交于胸前，造型修长而浑实。题记为：天保二年三月廿四日比丘道戒为亡父母敬造观音像一区，愿舍恶□□神非妙境□。四川省安岳石窟第12龛在净瓶观世音两侧壁的下方，各有一组供养人。第13龛供养人为4人，一人形似老妇，二为少年女子，三为男子，四为少妇。并分别有题字。关于民间塑造观世音像的理由，《真相寺观音像记》碑文载："本州信善杨正卿，以厥祖旧愿，造观音石像一尊，择真相崖龛，鸠工集事，合家随善，共建良缘。元符己卯创初，大观丁亥毕。"

从文化人类学的观点透视，观世音信仰是一种外来文化。这种外来文化之所以能在中国百姓中站稳了脚跟，是因为它成了民俗生活的重要组成部分。普陀山自唐代初设"不肯去观音院"始，承载了千年佛教史迹，其实，更为深入人心的是"家家观世音，处处弥陀佛"局面的形成。这就意味着观世音信仰已经从佛教的教义、教理，而进入了民众的生活世界，化为人们朴素的行为方式。

世间流行的传统习俗就是大量的琐细行为，这比任何个人在个体行动中（无论行为有多古怪）所能展示的东西更令人惊异不止。然而，这仅仅是问题的无关紧要的一面。至关重要的是，习俗在经验和信仰方面都起着一种主导性作用，并可显露出如此众多殊异的形态。[①] 人们对观世音的信仰深深地植根于民间的习俗之中，换言之，民间习俗成为观世音信仰的重要组成部分。

[①] 〔美〕露丝·本尼迪克特：《文化模式》，王炜译，生活·读书·新知三联书店1988年版，第5页。

三、西南遂宁道场

历史上四川遂宁有两座寺庙，一为广德寺，一为灵泉寺。两寺均始建于隋唐，盛于明清，经历了1300余年，至今香火不断，特别是在庙会期间，信者云集，人头攒动，《遂宁县志》载："于遂之境内独标大观者，则为今广利寺，创始大历十三年（778）赐名'禅林'。天复三年（903），又赐名再兴禅林。迨宋祥符中，始赐今名。而明正德间，则以广德赐之，顾今有谓之广德寺，此历朝郑重之所流也。今其规模伟丽，梵像庄严，游其中者，清幽之况，可以涤尘襟，寂静之缘，可以参正觉，谓非一邑之佳境也。"①

广德寺唐代开始叫石佛寺，后大历三年（768）名保唐寺。唐代宗李豫（大历十三年，778）敕赐"禅林寺"并赐紫衣，谥无住法师为"克幽禅师"。唐德宗李适（建中初）敕赐"善济寺"。唐昭宗李晔（天复三年，903）敕赐"再兴禅林寺"。北宋宋真宗赵恒（大中祥符四年，1011）敕赐"广利禅寺"，并赐观音宝印一颗，印为"广利禅寺观音珠宝印"。北宋仁宗赵祯（皇祐三年，1051）敕封御书明堂之文二轴。北宋徽宗赵佶（崇宁二年，1103），敕克幽谥号为"慈应大师"，塔名"善济"。北宋徽宗赵佶在政和年间请惟靖和尚到京讲经，敕其为"佛通大师"。宋孝宗赵昚（乾道九年，1173）敕克幽禅师为"圆觉慧应慈

---

① 《遂宁县志》，乾隆五十二年本，内部印刷。

感大师"。明武宗（正德八年）敕寺名为"广德"。明代皇帝再赐玉印。这颗玉印第一行为汉文"敕赐广德寺"，第二行为缅甸文，第三行为僧伽罗文，第四行为巴利文之拉丁字母。这颗玉印记载了广德寺与西南交往的历史，标志遂宁观世音道场的地位。

一进入广德寺，映入眼帘的就是皇帝特许的建于庙内的圣旨牌坊，横匾有颜真卿的"敕赐禅林"四个金字，它是享受皇帝沐浴的重要的标志。况且唐宋两朝，遂宁有两位皇太子驾临任职，而后君临天下。一是唐元和年间（806—820）唐宪宗的第三子李恒亲临遂州，先为知府后为遂王，821年登基为帝，这就是唐穆宗；二是1086年，即宋元祐元年，宋神宗第十一子赵佶到遂州为郡王，1101年君临天下为宋徽宗。与普陀山相对应，遂宁广德寺也被称为皇家道场。据统计，广德寺自唐以来曾经受到历代皇帝的敕封51次。广德寺被誉为"西来第一禅林"、"观音道场"、"禅宗圣地"，在历史上"主领川滇黔三省僧千余"（当时全国人口一亿左右），彰显三省主寺尊荣。

我国西南的观世音道场与广德寺唐代高僧克幽大师有关。据文献记载，其住持克幽法师圆寂时，九月十一日，复生坐日；时至矣，趺六十龄，僧腊三十五。韦公命其徒建塔于寺之南，以葬金身。会昌中寺废塔毁，地陷成池，瑞连时出，往取则无有，天复年间，相国琅琊王公简，见一僧立府庭，遣人逐之，至池所而没。因发掘其地，得异骨如金色钩锁相连，其教谓之"菩萨骨"也。①

如前所述，马郎妇就是鱼篮观世音的化身，也就是锁骨观世音，而克幽禅师谢世后呈黄金锁骨，故克幽禅师就是观世音。经历唐武宗灭佛后，遂宁又对克幽禅师有圣观世音的认定。《明一统志》记载："圆觉大

---

① 《遂宁县志》，乾隆五十二年本。

师（克幽）圆寂时忽现瑞相身坐圆光中，远近花木变成莲萼，后端坐而化，谓之圣观音。"在这里，克幽大师为观世音的化身再一步得到确认，其还有一个特指的文化符号，即圣观世音。观世音不仅仅中国化了，而且地域化、"遂宁化"了。这里有一个巧妙地转换：克幽禅师不仅仅是一个德高望重的法师，而且是观世音在广德寺的显相，而广德寺最早的住持就是观世音菩萨。正因为得到了这样的确认，四川遂宁成为观世音菩萨的另一个道场。

与广德寺相对的有一灵泉寺。灵泉寺坐落于距遂宁三公里的灵泉山上，又名资圣院，这里钟灵毓秀，云蒸霞蔚。灵泉寺建于隋代，当时香火颇盛。北宋时在观世音顶建禅堂，为"资盛禅堂"。元毁，明代在观世音顶建圣水庵供观世音菩萨。《遂宁县志》："资圣寺，江东灵泉山，隋开皇建。宋元以来，顶有圣水，林壑之美，士大夫多游咏其中。"灵泉寺自隋唐延续至今，香火颇盛，千古道场，胜冠四方。

我们说中国观世音的女性化源自民间妙善公主的传说。遂宁流传的关于妙善公主及其三姐妹的系列传说，包括"神秘的北厥国"、"火烧白雀寺"、"断臂救父"、"姐妹观音三分道场"等。[①]据初步调查，这些传说流传得非常广泛，表明了观世音中国化和女性化的过程，即中国观世音的诞生、起源和发展。

一是遂宁确有白雀寺（又称北厥寺或百雀寺）。笔者看到了白雀寺的旧址。虽然现在仅存一座大殿，但尚可想象当年的气势。白雀寺位于广德寺和灵泉寺之间。"白雀寺当时有僧尼500余人，相传每年有500只喜鹊来朝胜，故名白雀寺。"清代潘端书诗云："遂宁城外白雀寺，云

---

① 华夏观音文化研究会编：《观音文化民间故事集》（内部资料），第3—33页。

是大士出生所。"①

中国人信仰的观世音的起源是妙善公主转化的大悲观世音。在今河南平顶山存有的宋碑记载的观世音三姐妹的事迹中,立志信佛,终于完成修行的只有妙善公主。但是在四川遂宁的传说里,三个姐妹都诚心礼佛并且都修行成菩萨。这样就诞生了"姊妹观音三分道场"和"灵泉三井"的传说。有民谣唱道:

观音菩萨三姊妹,同锅吃饭各修行,
大姐修在灵泉寺,二姐修在广德寺,
唯有三妹修得远,修在南海普陀山。

又:

一根树儿三根桠,三根桠儿向上拔,
大姐二姐和三姐,眼泪落地发了芽,
长成柏树出门下,千年牵手不分家。

民间叙事把遂宁灵泉寺和广德寺的民间信仰联系在一起,这是一个有意义的文化链接。

遂宁流传的妙善三姐妹的传说在遂宁地区有在地化的特征。在大乘佛教的信仰中,菩萨信仰的基本宗旨就是上求无上菩提,下度无边众生。而观世音主悲,以拔除一切人的苦痛为誓愿。在遂宁的观世音传说中出现了三姐妹同时救助遂宁的传说。在当地大旱之年,大姐妙清引来

---

① 刘辉:《观音信仰民俗探源》,巴蜀书社2006年版,第23页。

圣观世音宝相，唐，壁画，孙秉山临绘

长江之水，二姐妙音引来黄河之水，三姐妙善引来南海之水。① 观世音信仰不仅仅中国化，而且地方化。观世音在遂宁地方化的一个重要标志是，在遂宁地区她不是一个菩萨的文化符号，而是观世音三姐妹——妙音、妙清和妙善三个菩萨的文化符号的集成。现龙泉寺上庙存在的民俗纪念物——观音殿、观音洞、观音柏、阴阳坟等，与遂宁地区的观世音信仰构成互动的关系。

广德寺和灵泉寺是遂宁观世音文化集中展现的场域。当地说法中，每年的二月十九日、六月十九日和九月十九日，分别是观世音的诞生、得道和出家的日子。届时周边各地的信众都会到广德寺和灵泉寺朝拜观世音。"二月十九日，观音菩萨诞辰，省内外的善男信女从正月初一至三月上旬陆续到寺朝拜。二月中旬进入高潮，特别是二月十七至十九日这几天，信众势若洪流涌向寺中，日平均四五万人次。六月十九日、九月十九日，均前后相持十余日，人群亦如二月。这三个'香会'时期的佛事活动，为一年中之极盛时期。"② 此外，每年正月，出于传统年节祭神的习惯，广德寺和灵泉寺的朝拜祭祀活动也是异常壮观。

各地的香会组织前来朝拜之时，带着锣鼓、舞龙、舞狮、高跷、彩旗、圣驾、笙箫乐队、川西屏台，招摇过市，场面宏大。寺庙之内，信徒摩肩接踵，庙堂香火缭绕。香会期间同样也是商贸和社交的重要场合。在人们朝拜祈福的同时也是出门赶热闹，交朋结友、聊天谈心的好时候。从周边乡镇到陕、甘、青、藏、鄂、湘、云、贵地区都有香客前来朝会。香火旺盛，商贸热烈。由信仰而引发的香会活动在民国战乱年

---

① 华夏观音文化研究会编：《观音文化民间故事集》（内部资料本），第37页。
② 四川省遂宁市《广德寺志》编撰委员会编：《广德寺志》，四川省遂宁市地方志丛书（内部刊发），1988年，第40页。

间也没有停歇,甚至一度达到高潮。资料显示,民国十三年(1924)川军师长陈国栋驻遂宁期间,借二月香会举办擂台比武以表达尚武强国的意志;民国十五至二十四年(1926—1935)川军边防军总司令李家钰利用二月香会节,年年举办劝业会,发展商贸;民国二十八年(1939),由于香会屡禁不止,而日军空袭难防,四川省政府还发布公文派兵加强防务以禁止民众香会朝拜。1946年抗战胜利后,民众更是欢欣鼓舞,二月香会期间朝山进香者尤盛。这种大型的朝拜盛典一直延续到建国初期。"文化大革命"期间香会活动绝迹,而民间在家偷偷祭拜观世音。20世纪80年代初期,遂宁地区传统的根深蒂固的观世音信仰开始复兴。

笔者参与观察了2009年的农历九月十九日纪念观世音出家的香会。九月香会的正会日是农历九月十九日,事实上整个九月都是香会期间,自九月初一起,长驻广德寺和灵泉寺两寺的居士,也就是念佛会的成员就自愿在各级殿堂帮忙写功德,点香油灯,搓灯芯,施茶水。被访谈的民众说:"我们觉得服务了心头舒服,来的是菩萨的客人,菩萨的客人走累了,要喝点开水,歇息歇息,方便些,感冒了,生病、晕车,我们愿意提供一些帮助。"①

其他前来拜祭观世音的香会,自称"业香会",也叫观世音会,通常是周边的某个小庙的民间香会组织,成员也多为同一村社的中老年女性。每到观世音节日或者初一、十五等拜祭日,她们就在会首的组织下,集体朝拜观世音,以每年农历九月十八、十九两日为最。

农历九月十九日是香会的高峰,是日灵泉寺僧人举行大型法会。九月十八日晚上,巍峨的灵泉寺灯火辉煌,宛如仙境。民众说,要赶着在

---

① 被访谈人:灵泉寺服务居士;访谈时间:2009年10月30日上午;访谈地点:遂宁灵泉寺。

子时之前完成拜祭，要讨吉利需烧子时香。是夜，遂宁市及周边村落的民众熙熙攘攘，摩肩接踵而至。他们以一个村落组成一个香会列队而行。寺庙附近的村民，他们往往步行，在凌晨四五点就集合上路。离寺庙几十里、上百里的，把传统的步行改为搭乘公共汽车。在调查中我们了解到，民众的行程一般是先到灵泉寺再到广德寺。民众说，广德寺是皇家寺院，而灵泉寺是老百姓拜神的地方，灵泉寺的观世音离民众更为亲近，所以老百姓都是先拜灵泉寺的观世音，再拜广德寺的克幽禅师。老百姓还说："信观音，做善事。"山路蜿蜒，民众沿途要走几里、十几里甚至几十里路，他们说，所经过的附近的小寺庙，他们也都朝拜，以示虔诚。我们迎上前来朝拜的熙熙攘攘的香会队伍与他们一同前行。民众有的举着香火，有的举着点燃的莲花灯，三步一叩，五步一拜，在"南无阿弥陀佛"、"大慈大悲观世音菩萨"的诵念声中徐徐前行。山路昏暗崎岖，他们手中的香火通明，诵念声在山间此起彼伏，绕山梁而回响。其中又以老者和女性居多，年龄最大的已过八十，虽背着包袱，汗流浃背，也兴致勃勃地一路拜到山顶。

前来朝山觐拜的香客高举着旗幡，旗幡上书写着香会的名字。还有锣鼓队、舞狮队伴同成为民众的狂欢。在庙门前，他们整装穿戴好各种行头，吹打着民间器乐，开始耍狮子或舞龙。待耍舞结束后再整齐列队，由会首唱诵经文，然后列队缓步进入寺庙。民众还携带着大量的香蜡纸钱，这是具有中国特色的庙会传统。

灵泉寺中每个殿前香火鼎盛，化钱炉边人头攒动，炉内火光闪烁，周围恍如白昼。民众的行为有：

叩拜观世音。在灵泉寺的观音殿前，几十米的观世音像巍然矗立，慈眉善目，目光向下，具有劝善的无限魅力。民众首先叩拜，有跪拜的，有瞻拜作揖的，也有五体投地的，接着燃香，僧人敲钟，告知观世音。还有民众在观世音神像前唱颂着不同的经文,从佛家教义唱到二十四孝,内容不可谓不丰富。

伴观世音。传统的观世音庙会有伴观世音的习俗,也就是在这个特殊的时间陪伴观世音,与观世音一起过夜。想伴观世音的民众很多,要在农历九月十八日的早上就到,否则就没有位置。在观世音殿内人头攒动,大多是五十岁以上的妇女,有的七十岁。伴观世音的方式有两种,一种是坐伴,一种是卧伴。我们看到不少妇女静坐在观世音殿内的长凳上,蛮有兴致地观看着前来朝拜的人群。由于地方不够,卧伴的只有两位年长的老人,她们闭着眼睛,安然地睡在观世音旁边,观世音使得她们获得了安全感,而她们也在护卫着观世音。

写功德。所谓写功德是民众与寺庙僧人互动的行为。祈愿的人把祈愿的事情向僧人说明,僧人根据不同人的要求给一个红色的纸签,签上写着不同的诉求。有求治病的,有求考上大学的,有求发财的,大多数

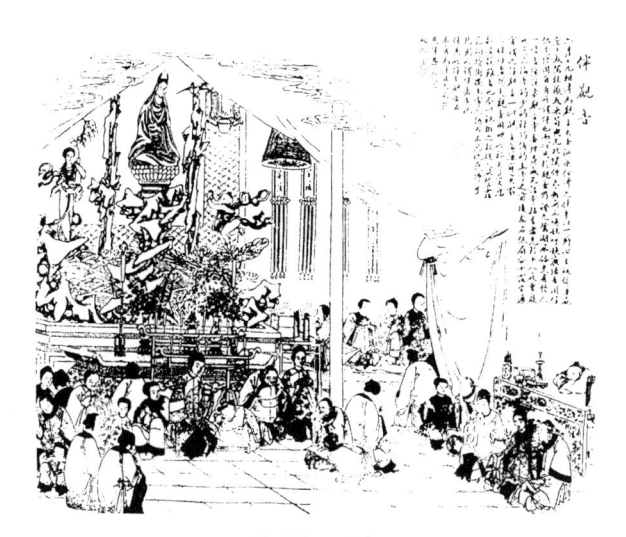

伴观音,晚清

求健康、平安。人们交僧人几块钱,然后取了红色的纸签,压在已经点亮的盏盏佛灯下。殿前写功德的人们络绎不绝,几处点长明灯的长桌子煌煌一片。要求写功德的有白发苍苍的老人,也有年轻时尚的男女,无论年龄大小,他们都充满渴望。

喝圣水。观世音殿菩萨的莲台的正下方,有一口水井,这便是灵泉寺名字的来历,据传是妙善公主所修,常年不溢不涸,民众称之为"圣水",喝了圣水便会全身舒畅,无病无痛。观世音面前的供桌上除了摆着各式供品,还放着盛有圣水的碗,朝拜的信众纷纷饮用。另有几个居士专门负责分发圣水的工作。我们喝了甘甜的圣水,这是入乡随俗的一种体验。

九月十九日一到,寺院的僧众就开始做道场为万千信众祈福。此时灵泉寺朝拜的信众远多于广德寺,觐拜的队伍到达灵泉寺的最高处观世音阁。信众聚在观世音阁和观世音殿前休息,期盼集体参拜活动和法会的开始。有的已经点燃高香、巨烛,殿前香烟弥漫,人影幢幢;有人跪拜在观世音面前祈祷膜拜,心祝口念;另有一些居士,就地拿出各种手抄本的佛经诵念观世音经,"南字原来是善根,只为生死去修行,若是识得生死路,及早回头进佛门。无字原来是真经……"一领众和,久久不绝。接着信众列队,在僧人的带领下叩拜观世音圣像。为了等待烧子时香,当夜很多信众就在山上留宿,有的在大殿内歇息,或坐或卧,人烟鼎盛。

整个香火鼎盛在农历十九日上午达到另一个高潮,民谣说:

> 天上星多月不明,地下坑多路不平,
> 昼夜赶上灵泉山,为把观音生来庆。

直至午夜，灵泉寺赶香会的人才逐渐少了下来，各地的信众也都逐渐散去，只剩下本地念佛会的成员还在帮寺庙僧众有条不紊地进行着善后的工作。寺庙在其后几天还将举行大型的水陆道场，以求国家康宁，天下太平。

在经济大潮和文化转型的影响下，以广德寺和灵泉寺为文化空间的民间信仰面临着新的变化。这两个历史悠久的佛教寺庙一方面是宗教活动的场所，是宗教人士修行的道场；另一方面，又是国家级的文物保护单位，民俗活动的空间和旅游景点。在新时期，全面步入现代化的历程中，在发展经济、构建社会主义新文化的过程中，有必要再重新审视传统文化。观世音信仰反映了华夏文化的深厚积淀，是华夏文化的有机组成部分，研究中国观世音信仰文化就是在研究中国民众的生活世界。

观世音信仰流传了近两千多年，已经适应了中国的社会历史环境与本土文化特征，形成了独特的文化体系和文化结构。有学者提出，观世音信仰中国化的历史积淀表现在两个不同的层面上：中国汉传佛教体系之内的正统的观世音信仰和游离于正统佛教之外的民间佛教的观世音信仰。[1]四川遂宁地域的观世音文化圈具有鲜明的地域特色和文化特色。其一，历代皇权的确认与民众的传承相结合。其二，历史的传统与民间的传承相结合。观世音文化在遂宁有深厚的历史传统，其历史传统传承至今没有消失。农历二月十九日观世音诞辰、六月十九日观世音出家日和九月十九日观世音的成道日的祭祀顺序，庙会至今香火不断。其三，民众的信仰与身体的践行。遂宁的观世音信仰在民间广泛传播，其不仅存在着信仰行为，还存在着身体实践。

观世音的助人理念规范了民众的行为，这不仅成为民众的心理需

---

[1] 李利安：《观音信仰的中国化》，《山东大学学报》2006年第4期。

求，而且成为广大民众的践行。在宗教世俗化的今天，遂宁政府力图挖掘传统文化的现代价值。传统观世音文化中慈善、平等、爱人、救助等文化特征和文化品格利于当代社会的和谐发展。遂宁成立了中国观世音故里慈善网，寻求社会对慈善事业更多的关注。市政府组织了"爱心助孤帮困"行动，市政府制定了一系列关爱孤儿和贫困儿童的扶贫措施。在当地的民政工作中也针对残障人士开展了"爱心亭"项目[①]，通过三年的努力建成40多个爱心助残亭。遂宁的普通市民对于爱心亭给予了更多的关注。此外，遂宁的100家平价爱心超市，通过募集资金和接受捐赠物资，以低廉的价格帮扶弱势群体，在群众中获得了口碑。观世音文化助人的理念规范了民众的行为，体现了民众向真、向善、向美的心理。在四川遭遇5·12汶川地震后，人们的救助思想和志愿者意识大大增强。除了抗灾自救，同时又发扬"一方有难，八方支援"的中华民族优秀传统，积极为重灾区提供救灾物资。政府提出了打造"爱心之都"的发展方向。2009年的中华慈善论坛在遂宁召开，遂宁政府提倡爱心，建设和谐社会。当传统的民间文化被提升到地方公共文化高度的时候，这种文化势必能够满足更多人的文化诉求。改革开放三十年后，中国社会的经济和社会转型都走到了一定的程度，文化在这个进程中开始发挥更重要的作用。要整合地方社会必然需要符合地方特色的文化。

---

① 当地组建了和民政部门合作的经营公司，在当地残障人士中公开招标，把街头的书报亭等设施低价租赁给他们，或者雇佣残障人士在"爱心亭"中工作，以帮助他们生产就业。

图片来源

观世音菩萨坐像，元，青瓷，孙秉山临绘，采自孙秉山编绘：《历代观音妙相白描图集》，北京工艺美术出版社 1999 年版。

观世音菩萨，唐，吴道子绘，采自《历代观音宝像》，中国书店 1998 年版。

狮座观世音菩萨，清，佚名绘，采自《历代观音宝像》。

大势至菩萨，采自孙秉山编绘：《中国历代佛教画像集》，北京工艺美术出版社 2000 年版。

观世音菩萨像，印度，石雕，孙秉山临绘，采自孙秉山编绘：《历代观音妙相白描图集》。

妙法莲华经观世音菩萨普门品版画局部，采自周心慧：《中国古代版画通史》，学苑出版社 2000 年版。

西方三圣，采自《三教源流搜神大全》，上海古籍出版社 2012 年版。

观世音菩萨现身说法，采自《英藏敦煌文献》（汉文佛经以外部分），四川人民出版社 1992—1995 年版。

千手观世音菩萨，明，彩塑，孙秉山临绘，采自孙秉山编绘：《历代观音妙相白描图集》。

观世音菩萨，清，木刻，孙秉山临绘，采自孙秉山编绘：《历代观音妙相白描图集》。

持印观世音圣像，宋，石雕，孙秉山临绘，采自孙秉山编绘：《历代观音妙相白描图集》。

观无量寿经变局部，采自欧阳林等编绘：《敦煌壁画线描集》，上海书店出版社 1995 年版。

合邑造观世音像，北齐，石刻，采自王树村编著：《观音百图》。

观世音菩萨真经，采自王树村编著：《观音百图》。

佛顶心陀罗尼经，佛经插图，采自王树村编著：《观音百图》。

静观凡间观世音，采自李祥来绘：《观音百图》，天津杨柳青画社 2013 年版。

十一面观世音，清，版画，采自徐建融编著：《观音宝相》，上海人民美术出版社 1998 年版。

多臂观世音菩萨，清，版画，采自徐建融编著：《观音宝相》。

准提观世音，郭福贵绘，采自《观音百像图》，陕西人民美术出版社 1996 年版。

如意轮观世音，郭福贵绘，采自《观音百像图》。

白衣观世音菩萨，宋，彩塑，孙秉山临绘，采自孙秉山编绘：《历代观音妙相白描图集》。

水月观世音，明，版画，采自丁云鹏编绘：《观音画谱》，上海古籍出版社 1997 年版。

杨柳观世音，吴道子绘，刻石朱拓本，采自《历朝名画观音宝相》，上海辞书出版社 2002 年版。

观世音大士像，近代，张大千绘，采自徐建融编著：《观音宝相》。

千手千眼观世音像，清，石刻线画，采自徐建融编著：《观音宝相》。

观世音菩萨救苦经，明，佛经插图，采自王树村编著：《观音百图》。

千手千眼观世音菩萨，采自来新夏主编：《清刻观音变相图》，天津人民美术出版社 2005 年版。

如意轮印，采自高国藩：《中国民俗探微——敦煌古俗与民俗流变》，河海大学出版社 1989 年版。

大悲咒，采自王树村编著：《观音百图》。

十八臂观世音像，清，绘画，孙秉山临绘，采自孙秉山编绘：《历代观音妙相白描图集》。

观世音，采自（清）比丘开慧募刻：《释迦如来应化事迹》，广陵书社 2007 年版。

观世音男身像，采自马书田编：《华夏诸神》，燕山出版社1992年版。

观世音大士像，元，绘画，孙秉山临绘，采自孙秉山编绘：《历代观音妙相白描图集》。

观世音菩萨变相，元，石刻，孙秉山临绘，采自孙秉山编绘：《历代观音妙相白描图集》。

显化人形的观世音，采自来新夏主编：《清刻观音变相图》。

显化非人形的观世音，采自来新夏主编：《清刻观音变相图》。

显化男性的观世音，明，版画，采自丁云鹏编绘：《观音画谱》。

显化女性的观世音，明，版画，采自丁云鹏编绘：《观音画谱》。

蛤蜊观世音，采自李祥来绘：《观音百图》。

竹林观世音菩萨，张大千描摹敦煌壁画，采自《历朝名画观音宝相》。

女娲，采自郑军等编绘：《中国神仙图案集》，上海书店出版社1996年版。

观音娘娘降鳌鱼，采自郑洪娥：《浮山民俗剪纸》，山西人民出版社1990年版。

戊子年春牛式，采自简涛：《立春风俗考》，上海文艺出版社1998年版。

马头观世音，采自《佛法图说》，三秦出版社1995年版。

似神仙的观世音，采自来新夏主编：《清刻观音变相图》。

碧霞元君，采自马书田编：《全像中国三百神》，江西美术出版社1992年版。

八仙，采自马书田编：《全像中国三百神》。

波头摩印，采自高国藩：《中国民俗探微——敦煌古俗与民俗流变》。

观世音在人间，采自来新夏主编：《清刻观音变相图》。

观世音经，明，连环画，采自王树村编著：《观音百图》。

发挥神力的观世音，采自来新夏主编：《清刻观音变相图》。

吕洞宾，采自马书田编：《全像中国三百神》。

铁拐李，采自马书田编：《全像中国三百神》。

南海观世音菩萨像，明，吴彬绘，采自徐建融编著：《观音宝相》。

站在莲叶上的女性观世音，明，版画，采自丁云鹏编绘：《观音画谱》。

骑犼的女性观世音，明，版画，采自丁云鹏编绘：《观音画谱》。

圣观世音菩萨坐像，宋，绘画，采自孙秉山编绘：《历代观音妙相白描图集》。

女相观世音，采自《历代观音宝像》。

白衣观世音坐像，宋，绘画，俞满红临绘，采自孙秉山编绘：《历代观音妙相白描图集》。

鱼篮观世音，采自来新夏主编：《清刻观音变相图》。

锁骨观世音，郭福贵绘，采自《观音百像图》。

平民形象的鱼篮观世音，清，绘画，孙秉山临绘，采自孙秉山编绘：《历代观音妙相白描图集》。

鱼篮观世音菩萨像，明，吴地绘，衍遂刻，采自《历朝名画观音宝相》。

观世音菩萨，清，佛经插图，采自王树村编著：《观音百图》。

南无观世音菩萨，石刻线画，采自徐建融编著：《观音宝相》。

家堂三尊观世音，清，纸马，采自王树村编著：《观音百图》。

白衣大士像，明，石刻，俞满红临绘，采自孙秉山编绘：《历代观音妙相白描图集》。

慈容四十五现，明，版画，采自丁云鹏编绘：《观音画谱》。

观世音全像，清，杨柳青，采自王树村编著：《观音百图》。

童子拜观世音一，明，版画（安徽），采自丁云鹏编绘：《观音画谱》。

童子拜观世音二，明，版画（安徽），采自丁云鹏编绘：《观音画谱》。

观世音菩萨与善财童子，采自来新夏主编：《清刻观音变相图》。

童子拜观世音三，明，版画（安徽），采自丁云鹏编绘：《观音画谱》。

善财童子，采自马书田编：《全像中国三百神》。

观世音、龙女、善财，采自马书田编：《全像中国三百神》。

观世音、龙女、善财，清，采自（清）比丘开慧募刻：《释迦如来应化事迹》。

龙女请观世音，采自丁云鹏编绘：《观音画谱》。

龙女，采自郑军等编绘：《中国神仙图案集》。

龙女参拜观世音，采自来新夏主编：《清刻观音变相图》。

天后圣母，采自郑军等编绘：《中国神仙图案集》。

妈祖，采自马书田编：《全像中国三百神》。

观世音与妈祖，张木燮、张敏生收藏。

观世音菩萨普门经，清，连环画，采自王树村编著：《观音百图》。

柳枝观世音菩萨，宋，绘画，俞满红临绘，采自孙秉山编绘：《历代观音妙相白描图集》。

杨柳观世音菩萨，明，石刻，俞满红临绘，采自孙秉山编绘：《历代观音妙相白描图集》。

除疾病观世音，采自李祥来绘：《观音百图》。

观世音印，采自高国藩：《中国民俗探微——敦煌古俗与民俗流变》。

观音经，现代，纸马，采自王树村编著：《观音百图》。

持寿桃的观世音，采自来新夏主编：《清刻观音变相图》。

福神，采自郑军等编绘：《中国神仙图案集》。

寿星观世音菩萨，明，陈洪绶绘，采自徐建融编著：《观音宝相》。

西方极乐世界图，清，版画（南京），采自王树村编著：《观音百图》。

阎罗殿，采自马书田编：《全像中国三百神》。

救苦法船，清，纸马（天津杨柳青），采自王树村编著：《观音百图》。

柳枝观世音菩萨，采自来新夏主编：《清刻观音变相图》。

持柳枝观世音菩萨，隋，敦煌壁画，孙秉山临绘，采自孙秉山编绘：《历代观音妙相白描图集》。

天降大雨，采自《英藏敦煌文献》（汉文佛经以外部分）。

净瓶观世音菩萨，唐，石刻，孙秉山临绘，采自孙秉山编绘：《历代观音妙相白描图集》。

渡海观世音，明，彩塑，赵松麓绘，采自王树村编著：《观音百图》。

顺风大吉，清，纸马（天津杨柳青），采自王树村编著：《观音百图》。

大慈大悲救苦观世音菩萨，采自周心慧：《中国古代版画通史》。

救水火的观世音，采自《英藏敦煌文献》（汉文佛经以外部分）。

乘鲤观世音，采自李祥来绘：《观音百图》。

持法器的观世音，采自来新夏主编：《清刻观音变相图》。

仁贤临难，清，剧本插图，采自王树村编著：《观音百图》。

日月观世音妙相，宋，石雕，孙秉山临绘，采自孙秉山编绘：《历代观音妙相白描图集》。

关注人间的观世音菩萨像，采自来新夏主编：《清刻观音变相图》。

观世音菩萨，明，唐寅绘，采自《历朝名画观音宝相》。

送子观世音菩萨，民间剪纸，采自武一生主编：《中阳民俗剪纸》，北京美术摄影出版社1990年版。

观音大士，造像稿本（河北），采自王树村编著：《观音百图》。

白衣送子观音，清，纸马，孙秉山临绘，采自孙秉山编绘：《历代观音妙相白描图集》。

向观世音求子，采自《英藏敦煌文献》（汉文佛经以外部分）。

生菜会，采自《吴友如画宝》，上海书店出版社2002年版。

水月观世音菩萨，明，壁画，宋兴亮临绘，采自孙秉山编绘：《历代观音妙相白描图集》。

白衣送子观世音，清，版画，沈长藩绘，采自《历朝名画观音宝相》。

白衣观世音菩萨，近代，张大千绘，采自《历朝名画观音宝相》。

慈容三十五现，明，版画，采自丁云鹏编绘：《观音画谱》。

溺女显报，采自（晚清）吴友如等：《点石斋画报》，东方出版社2004年版。

千日关和短命关，云南，纸马，采自高金龙编著：《云南纸马》，黑龙江美术出版社1999年版。

阿耨观世音，采自李祥来绘：《观音百图》。

《法华经》中的观世音，佛经插图，采自王树村编著：《观音百图》。

全相观世音图，清，版画，俞满红临绘，采自孙秉山编绘：《历代观音妙相白描图集》。

思维菩萨两身，初唐，采自欧阳林等编绘：《敦煌壁画线描集》。

观世音半跏像，宋，木雕，孙秉山临绘，采自孙秉山编绘：《历代观音妙相白描图集》。

观无量寿经变局部,盛唐,采自欧阳林等编绘:《敦煌壁画线描集》。

观世音菩萨像,清,王玙绘,王文光刻,采自《历朝名画观音宝相》。

普陀观音菩萨,台中市立文化中心文英馆收藏。

观世音菩萨像,近代,王震绘,林德成刻,采自《历朝名画观音宝相》。

岩洞观世音菩萨,清,王自英绘,杨玉振刻,采自《历朝名画观音宝相》。

观世音菩萨,清,达礼善绘,刻石墨拓本,采自《历朝名画观音宝相》。

圣观世音宝相,唐,壁画,孙秉山临绘,采自孙秉山编绘:《历代观音妙相白描图集》。

伴观音,晚清,采自陈平原、夏晓虹编注:《图像晚清——〈点石斋画报〉》,东方出版社2014年版。

后 记

本书最初题为《观音信仰》，于1994年由学苑出版社出版，是刘锡诚等先生主编的《中华民俗文丛》之一。又于1995年由台湾汉扬出版股份有限公司出版，在海峡两岸有一定的影响。后经增订，易名为《观音：神圣与世俗》，于2001年由学苑出版社出版，并获第一届"中国民间文艺山花奖·学术著作奖"。时隔二十余年，今日幸得商务印书馆支持再版。本次再版，易名为《水月慈悲：观世音在民间》，在原书基础上做了比较大的结构变动，加上了在四川遂宁的田野调查，同时，对行文进一步优化提升，并核定了引文和注释，补充了诸多图片。感谢商务印书馆编辑的辛勤付出。也感谢在此书写作和出版过程中提供帮助的各位领导、朋友和家人。

阅读是一种高尚的享受，但愿你能够享受这本书带来的愉悦。

邢 莉

于中央民族大学自宅

2024年重阳